Irmtraud Schmitt

Geschäftsbriefe und E-Mails – Schnell und professionell

Moderne Korrespondenz leicht gemacht

BusinessVillage
Update your Knowledge!

Irmtraud Schmitt

Geschäftsbriefe und E-Mails –
Schnell und professionell
Moderne Korrespondenz leicht gemacht
3. Auflage (unveränderter Nachdruck)
Göttingen: BusinessVillage, 2013
ISBN: 978-3-938358-32-0

Bezugs- und Verlagsanschrift

BusinessVillage GmbH
Reinhäuser Landstraße 22
37083 Göttingen

Telefon: +49 551 2099-1 00
Fax: +49 551 2099-1 05
E-Mail: info@businessvillage.de
Web: www.businessvillage.de

Layout und Satz

Sabine Kempke

Copyrightvermerk

Bestellnummern

PDF-eBook Bestellnummer EB-646
Druckausgabe Bestellnummer PB-646
ISBN: 978-3-938358-32-0

Über die Autorin

Irmtraud Schmitt gilt als eine Frau der Praxis, die seit mehr als 20 Jahren im Office Management „zu Hause“ ist.

Ihre Laufbahn begann mit einer Ausbildung in Wirtschaft und Fremdsprachen. Danach bildete sie sich zur geprüften Managementassistentin weiter. Sie kann auf mehr als 20 Jahre Erfahrung in der Managementassistenz verschiedener Unternehmen zurückblicken.

Heute ist sie die Assistentin der Geschäftsleitung in einem modernen Mannheimer Industrieunternehmen. Dort managt sie neben ihren Assistenzaufgaben eigene Projekte, Marketingaktivitäten und ist die Referentin für Presse und Media.

Gleichzeitig gibt sie seit 1998 als Trainerin für verschiedene Seminaranbieter und in Inhouse-Trainings ihren Erfahrungsschatz weiter – *aus der Praxis für die Praxis.* Im Jahr 2000 gründete sie ihr eigenes Unternehmen: „TOP“ – **T**raining für **O**ffice Management und **P**ersönlichkeitsentwicklung.

Sie ist bekannt für praxisorientierte Coachings und gefragte Referentin auf Kongressen und Tagungen zu Themen wie wirkungsvolle Geschäftskorrespondenz, Arbeitsmethodik im modernen Office, Projektmanagement, Networking, professionelle Managementassistenz, Event Management und Persönlichkeitsentwicklung.

Sie ist Dozentin an der Akademie für Betriebswirtschaft und Welthandelssprachen in Mannheim und an der Heidelberg International Business Academy.

Sie schreibt regelmäßig Artikel in der Fachpresse rund ums Thema Office Management und hat als Fachbuchautorin folgende Bücher veröffentlicht:

- Forever clever – Gedächtnis- und Konzentrationstraining, das Rundum-Programm für die geistige Fitness (mvg Verlag, 2003)
- Praxishandbuch Event Management (Gabler Verlag, 2005)

Sie ist aktives Mitglied in Netzwerken wie dem Bundesverband für Sekretariat und Büromanagement und bei den European Management Assistants.

Kontaktdaten der Autorin:

Irmtraud Schmitt
Max-Reger-Straße 3
67240 Bobenheim-Roxheim
Telefon und Fax: +49 6239 13 62
Mobil: +49 173 2307169
E-Mail: IrmtraudSc@aol.com
Internet: www.top-office-training.de

Vorwort

Durch den Einzug moderner Kommunikationstechnologien in den Büros von heute hat die schriftliche Kommunikation einen neuen, veränderten Stellenwert. Immer mehr Mitarbeiter formulieren ihre Korrespondenz selbst. Die Personaldecke wird immer dünner, sodass oft die Unterstützung von ausgebildeten Sekretariaten in den mittleren Hierarchieebenen entfällt.

Als Managementassistentin in einem mittelständischen Unternehmen erlebe ich oft in meiner Praxis die Unsicherheit von Mitarbeitern im Umgang mit der täglichen Geschäftskorrespondenz. Es gibt viele offene Fragen: Welches Medium für welche Nachricht? Was macht kundenorientierte Korrespondenz aus? Gibt es DIN-Regeln für E-Mails? Was sind alternative Formulierungen für antiquierte Floskeln?

Mit diesem Buch biete ich Ihnen eine praxiserprobte Sammlung von Musterbriefen und Textbausteinen für Ihre tägliche Korrespondenz. Es soll ein Arbeitsbuch und Nachschlagewerk sein, das seinen festen Platz auf Ihrem Schreibtisch hat. Sie finden Tipps, Warnungen, Checklisten und zahlreiche Hinweise, was moderne Korrespondenz auszeichnet.

Wenn Sie mein Angebot annehmen und die zahlreichen Übungen im Praxisteil Schritt für Schritt durcharbeiten, trainieren Sie intensiv, sich von „alten Zöpfen“ zu trennen und zeitgemäß zu formulieren.

Ob Sie Textbausteine für Schreiben zu besonderen Anlässen, wie zum Beispiel Geburtstag, Hochzeit, Jubiläen, Verabschiedung etc., oder komplette Musterbriefe für verschiedene Geschäftsvorfälle suchen – dieses Buch ist Ihre ideale Ideenquelle.

Doch Sie trainieren nicht nur Ihren Schreibstil, sondern Sie haben nun auch immer einen perfekten Ratgeber, wenn es um die neue deutsche Rechtschreibung oder die DIN 5008 geht.

Sie sollen durch dieses Buch Sicherheit gewinnen und lernen schwierige Korrespondenzsituationen zu meistern. Sie erfahren, wie jedes Schriftstück zur Werbung für Sie selbst oder Ihr Unternehmen wird. Durch die Übungen werden Sie mit der Zeit Ihren Blick für sprachliche und gestalterische Elemente schärfen.

Ganz aktuell und heiß diskutiert ist das Thema E-Mail-Korrespondenz. Welcher Stil ist angebracht? Welche Gefahr birgt der oft allzu lockere Umgangston in internen E-Mails? Gerne gebe ich Ihnen auch hier praxiserprobte Tipps aus meinem Arbeitsalltag als Assistentin für das Etablieren einer E-Mail-Kultur im Unternehmen weiter, damit die E-Mail-Korrespondenz auch effektiv ist. Denn eins ist sicher: Wenn eine E-Mail das Unternehmen verlässt, gelten die gleichen Qualitätsansprüche wie bei einem Brief auf Geschäftspapier.

Mein Ziel ist es, wertvolles Praxiswissen weiterzugeben. Für mich ist es eine sehr sinnvolle Aufgabe, mein Wissen aus 22 Jahren Berufserfahrung im Büromanagement zu bündeln, um Sie davon profitieren zu lassen, denn Wissen kann nur wachsen, wenn wir es teilen und anderen zugänglich machen.

Das Thema „moderne Korrespondenz" gehört für mich als Seminartrainerin zu meinen Favoriten. Am Ende von zwei Seminartagen sind meine Teilnehmer oft erstaunt, dass es sich hier – wie oft erwartet – keinesfalls um trockene Lerninhalte handelt. Sie erkennen, dass die „Korrespondenz" ein interessantes Thema ist, das lebt und sich ständig verändert.

Ich werde immer wieder nach Nachschlagewerken gefragt, die Textbausteine und Musterbriefe für sämtliche Themen des Geschäftsalltags bieten – schnell und kompakt, ohne aufwändiges Suchen im Internet. Das brachte mich auf die Idee meine Erfahrungen niederzuschreiben.

Das Buch ist zum Selbstlernen gedacht. Sie können es Kapitel für Kapitel durcharbeiten oder sich die für Sie und Ihr Aufgabengebiet wichtigsten Stellen herauspicken.

Es gibt Menschen, denen ich an dieser Stelle besonders danken möchte. Sie haben mich maßgeblich bei meiner Arbeit als Autorin unterstützt:

- An erster Stelle bedanke ich mich bei meinem Mann, der mich in der Zeit des Schreibens immer unterstützt hat, nie die Geduld verlor und mir stets ein konstruktiver Kritiker war.

- Ebenfalls sage ich meinen zahlreichen Seminarteilnehmern danke, die mir viele gute Ideen aus der eigenen Praxis weitergaben.

Ich wünsche Ihnen viel Spaß beim Lesen und eine erfolgreiche Umsetzung in die Praxis! Mögen Ihnen nie die Ideen für spannende Formulierungen ausgehen!

> *Schreiben ist leicht. Man muss nur die falschen Wörter weglassen.*
>
> Mark Twain

Irmtraud Schmitt
April 2006

1. Korrespondenz als Visitenkarte

Sprache transportiert nicht nur Sachinformationen. Mit Sprache geben wir auch Auskunft darüber, wie unsere Gemütslage ist. Beim Sprechen gibt es dafür verschiedene Möglichkeiten – oft sagt unser Gesichtsausdruck schon mehr als Worte. Im schriftlichen Text dagegen spielen Wortwahl und Satzbau eine große Rolle. Somit geben wir durch alles, was wir schreiben, eine persönliche Visitenkarte von uns.

Ihr Stil, Ihre Sprache spricht Bände und gibt viel von Ihrer Einstellung zur Sache oder auch dem Empfänger gegenüber preis.

Die Zeit, die Sie für das Schreiben Ihrer Briefe, E-Mails oder Faxe aufwenden, ist immer gut investiert. Bewahren Sie dabei stets Ihren persönlichen Stil.

Ihr Sprachstil kann sogar zum richtigen Markenzeichen werden. Sicher haben Sie schon die Situation erlebt, wenn es heißt: *„Das hat bestimmt Herr x geschrieben, das ist genau sein Stil."* Bestimmte Redewendungen oder Ausdrücke haben mit der Zeit einen hohen Wiedererkennungswert und werden sofort Ihrer Person zugeordnet.

Wenn Sie im Namen eines Unternehmens ein Schreiben formulieren, sei es als Brief auf offiziellem Geschäftspapier oder nur als E-Mail, der Empfänger spürt sofort beim Lesen, welche Wertschätzung ihm entgegengebracht wird. Er merkt, ob sich der Autor Gedanken darüber gemacht hat, mit welchen Worten er sich an den Empfänger richtet, oder ob das Schreiben im 08/15-Stil verfasst wurde.

Wer schreibt heute Korrespondenz im Unternehmen?

Früher gehörte es zu den klassischen Aufgaben der Sekretärin, stilsicher Briefe im Namen des Vorgesetzten zu formulieren. Sie war ausgebildet in Sachen DIN 5008 und hatte die Orthografie professionell zu beherrschen.

Heute gibt es oft nur noch in den oberen Hierarchieebenen die klassische Zuordnung Chef – Sekretärin. Das Berufsbild hat sich frappierend gewandelt. Die Sekretärin ist nicht nur Ausführende im Büro und schreibt nach Diktat, sie zeichnet sich heute durch fundiertes Wissen in Betriebswirtschaft, Personalführung, Managementtechniken und Rhetorik aus. Sie spricht mehrere Sprachen, um in Zeiten der Globalisierung wertvolle Unterstützung im Management leisten zu können. Sie ist Officemanagerin, Projekt- oder Teamassistentin und erhält als qualifizierte Managementassistenz immer mehr Kompetenzen.

Durch schlanke Hierarchien haben viele Manager – vor allem in den mittleren Führungsebenen – kein Sekretariat mehr. Sie erledigen ihre Korrespondenz selbst. Das heißt, die externe Korrespondenz hat durch den viel größeren Nutzerkreis rasant an Bedeutung gewonnen. Texte versenden wird durch Internet und E-Mail zwar einfacher, doch es gelten hierbei die gleichen Qualitätsansprüche wie bei einem herkömmlichen Brief.

Das gerät in der täglichen Praxis oft in Vergessenheit. In der kaufmännischen Ausbildung werden zwar die wichtigsten Normen und Regeln für den Schriftverkehr vermittelt, doch was oft auf der Strecke bleibt, sind Kenntnisse in zeitgemäßem Schreibstil oder der Umgang mit kreativen und leserorientierten Formulierungen.

Hinzu kommt, dass in nichtkaufmännischen Ausbildungen schriftliches Formulieren oft eine untergeordnete Rolle spielt. Welcher Ingenieur erlernt schon während seines Studiums, wie er in einer E-Mail an seinen wichtigsten Kunden stilsicher und in angemessenem Ton Vertrauen gewinnt und dabei noch Inhalt und Form unter einen Hut bringt.

Gleichzeitig gibt es in vielen Branchen Quereinsteiger. Dazu gehört auch Personal in den Officeberufen. Durch Umschulungen und Neuorientierungen kann es vorkommen, dass zum Beispiel eine Erzieherin plötzlich ein Sekretariat leitet und damit für sie die moderne Korrespondenz zu einer der Schlüsselqualifikationen geworden ist.

Sprache entwickelt sich rasant und verändert sich ständig. Sprachliches Wissen und die Fähigkeit zu formulieren werden im Unternehmen immer neu auf den Prüfstand gestellt. Deshalb ist es unabdingbar, sich in den Aufgabenfeldern, in denen Korrespondenz anfällt, ständig auf dem Laufenden zu halten. *Ein Beispiel macht deutlich, wie sich der Zeitgeist im Schriftverkehr widerspiegelt: Wo früher das „Hochachtungsvoll“ den Brief beendete, steht heute „mit freundlichen Grüßen“ oder „beste Grüße aus Mannheim“.*

Imagefaktor schriftliche Kommunikation

Eine professionelle Imagebroschüre durch eine Werbeagentur gestalten zu lassen ist kein Hexenwerk. Erst der Umgang mit Kunden und Geschäftspartnern prägt das Bild des Unternehmens nach außen und zeigt, wie kundenorientiert und innovativ es wirklich ist. Das Versenden eines modern aufgemachten Prospektes mit einem Begleitbrief in alter Rechtschreibung ist wohl kaum förderlich für das Image des Unternehmens. Gerade im Zeitalter des verschärften Wettbewerbs gehört ein professioneller Sprachstil in der Korrespondenz zu den Schlüsselfaktoren des unternehmerischen Erfolgs.

Denken Sie nur an folgende Situation: Sie erhalten die Absage eines Unternehmens auf Ihre Bewerbung, bei deren Formulierung Sie sich sehr viel Mühe gegeben haben. Der Sprachstil und auch die Optik des Schreibens hinterlassen bei Ihnen Spuren: Entweder Sie erfahren trotz Absage Wertschätzung und werden ermutigt, sich weiter zu bewerben, oder Sie behalten das Unternehmen in schlechter Erinnerung.

Oder: Von einem Seminaranbieter erhalten Sie mit einem Seminarprospekt ein Anschreiben, das in Orthografie und Grammatik mehrere Fehler aufweist. Würden Sie dort ein Seminar buchen?

Eine überzeugende Korrespondenz kann das Image des Unternehmens langfristig positiv beeinflussen. Sie ist wesentlicher Bestandteil des Qualitätsmanagements im Office!

Übereinstimmung zwischen Korrespondenz und Corporate Identity

Die viel diskutierte Corporate Identity, das einheitliche äußere Erscheinungsbild des Unternehmens, ist Ausdruck der Firmenphilosophie und damit verpflichtend für alle Mitarbeiter. Je nachdem, um welches Unternehmen es sich handelt, werden verschiedene Ziele verfolgt: Eine renommierte Unternehmensberatung, die Vertrauen, Erfahrung und Zuverlässigkeit vermitteln möchte, legt auf andere Gestaltungs- und Sprachmerkmale Wert als eine Werbeagentur, die Kreativität, Innovation und Mut zur Veränderung signalisiert.

Dabei ist schon die Wahl der Schriftart entscheidend: Das wichtigste Kriterium bei der Auswahl einer Schrift ist die Lesbarkeit. Sie sollten „moderne" Schriften für die normale Korrespondenz meiden und nur Schriften mit einer klaren und einfachen Formensprache wählen:

Teichmann & Partner
Unternehmensberatung

Teichmann & Partner
Unternehmensberatung

Welches Schriftbild schafft bei Ihnen mehr Vertrauen?

Jede Schriftart weckt ganz bestimmte Assoziationen. Verspiele Schriftarten passen eher zu einem kreativen Umfeld, gerade Schriften ohne Serifen unterstreichen Sachlichkeit und Kompetenz. Achten Sie bei der Wahl der Schriftart Ihres Schreibens stets auf die Außenwirkung!

Ist das äußere Erscheinungsbild des Unternehmens klar und schnörkellos, zum Beispiel die Architektur des Gebäudes, die Inneneinrichtung oder der Messestand, so sollte dies auch die äußere Form der Korrespondenz widerspiegeln.

Herrscht in der Imagebroschüre eine klare und präzise Sprache vor, ist dies für den Stil der schriftlichen Dokumente, die nach außen gehen, ebenfalls selbstverständlich.

Wird in der Unternehmensbotschaft das Qualitätsbewusstsein in den Mittelpunkt gestellt, gilt dies auch für Grammatik, die Orthografie und sachliche Richtigkeit des Textes.

Schrift vermittelt Gefühlswerte. Sie ist Aushängeschild und spiegelt die Unternehmensphilosophie wider. Deshalb sollte jedes Unternehmen seine Hausschrift festlegen.

Beispiel 1:
Auto – technisch, sachlich:

Der Verwandlungskünstler:
Der Opel Tigra TwinTop.

Schalten Sie in 18 Sekunden von Winter auf Sommer. Von Coupé auf Cabrio. Steigen Sie ein in den Testsieger, den Opel Tigra TwinTop (Auto Zeitung 21/05), und erleben Sie 365 Tage im Jahr ein einzigartiges Fahrgefühl.

Beispiel 2:
Genuss und Animation, Verführung „zur Sünde“:

Ein Eis zum Verlieben.

Erste Liebe von Cremissimo:
Cremiges Vanilleeis mit einem Herz aus fruchtigem Himbeereis und kleinen Schokoherzen.

Von Herzen kommen auch die beiden anderen neuen Sorten:

Wolke Sieben und Süße Küsse.

Checkliste

- Legen Sie Wert auf optimale Lesbarkeit!
- Nehmen Sie keine grafischen Veränderungen an Schriften vor!
- Nutzen Sie die Gefühlswerte, die bestimmte Schriftarten vermitteln, für Ihre Ziele: Verwenden Sie zum Beispiel klare, schnörkellose Schriften, um das Sicherheitsgefühl des Lesers anzusprechen.
- Nicht unbedingt auf jedem PC erscheint die von Ihnen gewählte Schriftart in gleicher Form!
- Achten Sie darauf, dass die Schriftart und der Inhalt des Schreibens zusammenpassen!

Zusammenfassung

Aller guten Dinge sind vier! Diese vier Komponenten sichern den Erfolg der empfängerorientierten Korrespondenz:

- Das Äußere des Textes
- Grammatik und Orthografie
- Sprachstil
- Interessante Formulierung des Inhalts

2. Gute Vorbereitung ist die halbe Miete!

Welches Medium in welcher Korrespondenzsituation?

Im Zeitalter moderner Technologien gibt es viele Möglichkeiten der schriftlichen Kommunikation: der herkömmliche **Brief,** das **Fax,** die **E-Mail**, eine **SMS** oder auch **Grußkarten aus dem Internet.**

Es gilt

Angemessenheit ist der Maßstab!

Ein **Brief** ist angebracht bei formellen und offiziellen Schreiben oder Mitteilungen mit vertraulichem oder persönlichem Inhalt. Im Zeitalter der E-Mail-Flut ist der Brief oft das ideale Kommunikationsmittel, wenn Sie besondere Aufmerksamkeit erreichen möchten.

Vom wirtschaftlichen Standpunkt aus ist eine **E-Mail** oder ein Telefonat meist günstiger, denn ein offizielles Schreiben kostet heute alles in allem circa 35 Euro Gesamtaufwand.

Ein **Telefax** ist passend, wenn der Empfänger das Schreiben sofort erhalten soll. Oft wird ein Telefax auch für die Einholung einer Unterschrift gesendet. Ein handschriftlich ausgefüllter Fragebogen oder die Antwortkarte einer Einladung werden meist per Fax verschickt. Das Einscannen des Schriftstücks entfällt damit.

Die **E-Mail** ist geeignet, wenn der Versand besonders schnell erfolgen soll und große Datenmengen mit einschließt. Ideal ist die E-Mail auch für einen großen Teilnehmerkreis. Wenn Sie sofort eine Antwort erwarten, ist der Griff zum Telefon meist besser, denn Sie wissen nie genau, wann der Empfänger Ihre E-Mail liest (siehe auch Kapitel 11: E-Mail-Korrespondenz). Haben Sie die Funktion der Lesebestätigung in Ihrem E-Mail-Programm eingerichtet, können Sie sehen, wann der Empfänger Ihre E-Mail gelesen hat.

Eine **SMS** sollten Sie wirklich nur im privaten Umfeld senden. **Grußkarten aus dem Internet** zeigen zwar, dass Sie mit der neuen Technik bestens vertraut sind, doch oft ist eine handgeschriebene Glückwunschkarte persönlicher und drückt mehr Wertschätzung aus, da Sie Zeit für den Empfänger investiert haben, und das ist heutzutage in unserer schnelllebigen Zeit etwas Besonderes.

Doch nichtsdestotrotz hält seit einiger Zeit die **SMS** auch Einzug in die Geschäftswelt: Seit 2002 ist das Unternehmen TynTec in der Telco-Branche tätig und hat sich als Technologieführer beim Versand und Empfang von geschäftskritischen SMS, dem so genannten „mission critical mobile messaging", etabliert. Der Sender kann seine Nachricht genau verfolgen und erhält eine Bestätigung, wenn diese beim Empfänger angekommen ist. So wird die Zustellung der Kurznachrichten garantiert.

Die TynTec-Lösung ist ideal für die Kommunikation zwischen Assistentinnen und Beratern, Managern und Partnern oder auch mit dem Kunden. Das e-SMS Online Tool funktioniert wie ein E-Mail-Programm. Der Empfänger kann auf die SMS direkt antworten. Die Assistentin erhält die Antwort direkt am Computer. Weitere Informationen können Sie unter www.tyntec.biz nachlesen.

Schreiben Sie leserorientiert: Wer ist Ihr Korrespondenzpartner?

Denken Sie mit dem Kopf des Empfängers und bewegen Sie sich auf seiner Ebene. *Beispiel: Im Brief an einen 18-Jährigen werden Sie eine andere Sprache benutzen als in einem Schreiben an einen 65-Jährigen. Genauso handhaben Sie es in der mündlichen Kommunikation.*

Der Sachverhalt entscheidet immer über den Stil. Entscheiden Sie immer situativ! In einem Kondolenzschreiben benutzen Sie eine andere Sprache als in einer Gratulation zum Firmenjubiläum. Auch Ihre persönliche Beziehung zum Adressaten spielt eine große Rolle. Besteht schon eine längere Beziehung zum Korrespondenzpartner, werden Sie andere, freundschaftlichere Worte wählen, als wenn Sie jemanden zum ersten Mal kontaktieren.

Checkliste

Fragen zum Ansprechpartner:

- Wer genau ist Ihr Ansprechpartner? (männlich/weiblich/Alter)
- Welche Kompetenzen hat er im Unternehmen? Wo steht er in der Hierarchie?
- Beantwortet er auch das Schreiben?
- Kennen Sie seine Interessen? Wie können Sie darauf eingehen?
- Wie können Sie ihn motivieren?
- Welchen Nutzen und welche Vorteile hat der Adressat von Ihrem Schreiben?
- Welche Erwartungen hat der Empfänger an Sie?
- Wie ist Ihre Beziehung zum Adressaten?
- Welche Besonderheiten sollten Sie berücksichtigen? Gibt es Anlässe (Geburtstag, bevorstehender Urlaub), die für den Empfänger wichtig sind? Gehen Sie darauf ein, das bringt Wertschätzung!

Zum Beispiel in der Grußformel: „Freundliche Grüße verbunden mit den besten Wünschen für einen erholsamen Urlaub in Spanien."

Zuerst denken, dann schreiben: Checkliste zur Vorbereitung Ihrer Korrespondenz

Nutzen Sie die folgende Checkliste als „Spickzettel“. So haben Sie einen guten Wegweiser für die Vorbereitung der Korrespondenz, der Sie alle Aspekte beleuchten lässt.

Tipp

Formulieren Sie

- leserorientiert
- zeitgemäß
- diplomatisch
- spannend
- wertschätzend

Bleiben Sie Ihrem eigenen Stil immer treu! Bei aller Empfängerorientierung – der Stil sollte immer authentisch bleiben. Denken Sie an ein Bewerbungsschreiben: Ihr persönlicher Auftritt beim Bewerbungsgespräch gibt darüber Auskunft, ob Ihr Stil im Bewerbungsanschreiben dazu passt. Nur dann wirken Sie glaubwürdig und überzeugend. Bleiben Sie also auch dem Stil Ihres Unternehmens, in dessen Namen Sie auftreten, treu. Eine Werbeagentur wird immer anders formulieren als eine Versicherung.

Checkliste

Fragen zum Unternehmen:

- An welches Unternehmen ist Ihr Schreiben gerichtet? Zu welcher Branche gehört es?
- Kennen Sie die Unternehmenskultur und Firmenphilosophie?
- Mit welchen sprachlichen Merkmalen ist der Internetauftritt gestaltet?
- Kennen Sie die besonderen Stärken des Unternehmens? Wodurch unterscheidet es sich von anderen in seiner Branche?

Fragen zur inhaltlichen Gestaltung:

- Welches Ziel verfolgen Sie mit Ihrem Brief? Zu welchem Zweck schreiben Sie ihn?
- Wann war der letzte schriftliche Kontakt? Sind Sie genau über die Inhalte informiert?
- Worauf müssen Sie eingehen? Notieren Sie die wichtigsten Punkte!
- Welche Anlagen brauchen Sie zur Erklärung oder zur inhaltlichen Unterstützung Ihres Schreibens?
- Müssen Sie erst Sachverhalte mit anderen klären, die ebenfalls in schriftlichem Kontakt mit dem Empfänger stehen?

3. Durch professionelle Optik bestechen

Gestaltungselemente des Briefbogens

- Logo
- Farbe
- Schrift
- Anordnung der Gestaltungselemente

Nicht nur bei der Anordnung des Textes, mit dem Sie den Briefbogen füllen, ist auf professionelle Optik Wert zu legen, schon bei der Gestaltung des Briefbogens sind wichtige Faktoren zu beachten.

Logo:

Logos renommierter Firmen wirken einprägsam und bestechen durch einfache Gestaltung.

Ein Logo dient der Wiedererkennung und der Unverwechselbarkeit. Es soll die Philosopie des Unternehmens transportieren und zum „Geist" des Unternehmens passen. Das Logo steht meist rechts oben. Überlegen Sie genau, ob Sie nur das Logo oder noch zusätzliche Angaben unter dem Logo platzieren *(zum Beispiel: „Braun & Pfleiderer, ein Unternehmen der Schmersal Gruppe").*

Farbe:

Mit Farbe lässt sich vieles ausdrücken! Stellen Sie sich vor, Sie gründen Ihre eigene Firma. Die Auswahl der Firmenfarbe ist für Sie dann etwas ganz Wichtiges. Was soll die Farbe bewirken? Entscheiden Sie sich für ein rotes Logo, entsteht sicher die gedankliche Verbindung zu Dynamik, Power, Innovation, und Energie. Blau schafft Vertrauen und strahlt Sicherheit und Beständigkeit aus. Gelb ist Signal für Fröhlichkeit, Kreativität.

Beispiel:

Für das Logo eines Reisebüros eignet sich die Farbe gelb sicher sehr gut. So entsteht sofort die Assoziation zu Sonne, Urlaub und Unbeschwertheit. Für einen Chemiekonzern wie die BASF ist dies eher ungeeignet.

Schrift:

Mit der Schriftart schaffen wir ebenfalls bestimmte Assoziationen. Verschnörkelte Schriften passen mehr zu einer Nachricht, die die emotionale Seite des Lesers ansprechen soll. Eine fette Schrift ohne Schnörkel signalisiert Sachlichkeit.

Es gibt auch Unternehmen, die sich bewusst für eine ganz eigene Schriftart entscheiden. Sie wählen kein gängiges Schriftbild, wie zum Beispiel „Arial" oder „Times New Roman", sondern „kaufen" eine individuelle und unverwechselbare Schrift, die einzigartig für das Unternehmen steht. Wenn der Empfänger in der heutigen Informationsflut

Post dieses Unternehmens vorfindet, ist eine gewisse Signalwirkung vorprogrammiert. Der Leser erkennt viel schneller durch das sich von anderen abhebende Schriftbild das Unternehmen wieder.

Wählen Sie eine angemessene Schriftgröße. Die Schrift sollte gut lesbar sein, jedoch nicht zu viel Platz auf dem Briefbogen einnehmen, sodass noch genug Raum für den Text des Briefes bleibt.

Anordnung der Gestaltungselemente: Lesefreundlichkeit steht an erster Stelle! Alle Gestaltungselemente, die auf dem Briefbogen aufgedruckt sind, wie zum Beispiel das Adressfeld, Fußzeilen mit Angaben zur Bankverbindung, dem Aufsichtsrat und auch der Infoblock mit den Absenderinformationen sollten ein stimmiges Bild ergeben. Der Briefbogen darf nie überladen und unübersichtlich wirken. Das Auge des Lesers muss auf den ersten Blick die wichtigsten Informationen finden, die er zur Kontaktaufnahme mit dem Sender braucht. Schaffen Sie schon durch die richtige Optik Vertrauen und setzen Zeichen für Klarheit und Transparenz.

Checkliste: Angaben für einen Geschäftsbriefbogen

Diese Angaben gehören auf einen Geschäftsbriefbogen:

- der im Handelsregister eingetragene Firmenname
- die Rechtsform der Gesellschaft, zum Beispiel AG oder GmbH
- der Ort des Firmensitzes
- das zuständige Registergericht des Sitzes der Gesellschaft
- alle Geschäftsführer mit Vor- und Nachnamen
- bei Aufsichts- und Beiräten der Vorsitzende
- die Handelsregisternummern
- die Bankverbindungen
- auf Rechnungen muss auch die Steuernummer vermerkt sein

Absätze bringen Struktur

Die Faustregel lautet: Jeder Gedanke bedeutet ein neuer Absatz! Kein Absatz sollte länger als sieben Zeilen sein. So wirkt Ihr Brief übersichtlich und gut strukturiert. Außerdem versteht der Leser den Inhalt schneller, der Text ist leichter lesbar.

Vom Adressfeld bis zum Postskriptum

Das Adressfeld

Die korrekte Schreibweise des Namens und der Adresse des Empfängers sind das A und O. Sie kennen sicher die Situation, dass eine falsche Postleitzahl dazu führt, dass ein Brief längere Zeit unterwegs ist, bis er beim Empfänger eintrifft. Oder denken Sie daran, wie es Ihnen geht, wenn Sie ein Schreiben erhalten, auf dem Ihr Name falsch geschrieben ist. Schnell entsteht das Gefühl mangelnder Wertschatzung und Sie lesen den Brief schon mit einem negativen Vorzeichen.

Achten Sie bei der Aufteilung und den Zeilenabständen genau auf die DIN 5008. So sieht ein DIN-gerechtes Adressfeld aus:

Für das Adressfeld stehen neun Zeilen zur Verfügung:
Es wird in eine Zusatz- und eine Vermerkzone (drei Zeilen) und in eine Anschriftzone (sechs Zeilen) unterteilt. Die Leerzeilen entfallen. Zusätze und Vermerke können Vorausverfügungen (zum Beispiel: Nicht nachsenden!), Produkte (zum Beispiel: Einschreiben) oder elektronische Freimachungsvermerke (zum Beispiel: Stampit) sein. Die Musteranschriften zeigen die Anordnung der Bestandteile innerhalb eines Anschriftenfeldes:

1
2
3 Zusätze und Vermerke
1 Empfängerbezeichnung
2 Empfängerbezeichnung
3 Postfach oder Straße mit Hausnummer
4 Postleitzahl, Bestimmungsort
5
6

1
2
3 Einschreiben
1 Frau
2 Sabine Spieß
3 Theaterstraße 7
4 55543 Bad Kreuznach
5
6

Die Berufsbezeichnung steht hinter der Anrede

1
2
3 Büchersendung
1 (Herrn) Rechtsanwalt
2 Achim Teichmann
3 Am Rosengarten
4 68307 Mannheim
5
6

1
2
3 Eilzustellung
1 Eheleute
2 Sabine und Herbert Schmitt
3 Kapuzinerstraße 77
4 10788 Berlin
5
6

Der akademische Grad steht vor dem Namen:

1
2
3
1 (Herrn)
2 Dipl.-Kfm. Dr. Peter Karsten
3 Mozartstraße 8 b
4 68307 Mannheim
5
6

Der Empfänger ist Untermieter:

1
2
3 Einschreiben
1 (Herrn)
2 Thomas Niebergall
3 bei Gottschalck
4 Am Graben 5
5 55118 Mainz
6

Firmenbrief, denn die Firma ist zuerst genannt – er wird geöffnet an Frau Schneider weitergereicht:

1
2
3
1 Pepperl+Fuchs GmbH
2 Monika Schneider
3 Königsberger Allee 87
4 68307 Mannheim
5
6

Privatbrief, denn die Person ist zuerst genannt, – er wird ungeöffnet an Frau Schmitt weitergereicht:

1
2
3
1 Elke Schmitt
2 Pepperl+Fuchs GmbH
3 Königsberger Allee 87
4 68307 Mannheim
5
6

Postalische Vermerke sind Informationen für die Post, zum Beispiel Angaben zur:

- Sendungsart (Büchersendung, Infopost, Drucksache etc.)
- Versendungsform (Einschreiben, Nachnahme etc.)
- Vorausverfügung (der Vermerk „Falls verzogen, bitte mit neuer Anschrift zurück, nicht nachsenden“) hilft, an die neue Adresse zu kommen.

Entfallen diese Informationen, bleibt die erste Zeile frei.

Zu den Empfängerangaben gehört zunächst die Angabe „Frau“, „Herrn“ oder die Firmenbezeichnung.

Tipp

Zeitgemäßer Stil im Adressfeld heißt: Lassen Sie „Frau“ oder „Herrn“ weg, wenn durch den Vornamen auf den ersten Blick erkennbar ist, dass es sich um einen Herrn oder eine Dame handelt.

Dasselbe gilt für eine Firmenanschrift. Lassen Sie den Zusatz „Firma“ weg, wenn offensichtlich ist, dass es sich um ein Unternehmen handelt (zum Beispiel beim Zusatz GmbH, AG etc.).

Muster für eine Privatanschrift:
Alina Metzmacher
Am Heideschlösschen 13
67240 Bobenheim-Roxheim

Muster für eine Firmenanschrift:
Pepperl+Fuchs GmbH
Königsberger Allee 87
68307 Mannheim

Ist es nicht auf den ersten Blick erkennbar, dass es sich um ein Unternehmen handelt, schreibt man den Zusatz „Firma“ dazu:

Firma
Werner Schmitt

Sind Einzelunternehmen durch die Namensgebung erkennbar, entfällt ebenfalls die Bezeichnung „Firma“:

Malermeister Erwin Köstner

Tipp

Die Zeiten ändern sich! Erinnern Sie sich noch an die Zeit, in der im Adressfeld die Angaben „z. Hd.“ oder „an die Firma“ zum Standard gehörten? Darauf wird heute verzichtet.

Die **Berufsbezeichnung** steht immer vor dem Namen:

(Herrn) Rechtsanwalt
Peter Müller
Mozartstraße 46
51519 Odenthal

Akademische Grade (zum Beispiel Dr. oder Dipl.-Ing.) gehören direkt vor den Empfängernamen:

(Herrn)
Dr. Thomas Sebastiany

(Herrn)
Prof. Dr. Heinrich Lauterbach

Steht der Name des Unternehmens an erster Stelle, werden die Briefe in der Regel geöffnet und an den internen Empfänger weitergeleitet. Steht zuerst der Name des Empfängers und dann der Firmenname, geht das Schreiben ungeöffnet an den Empfänger.

Die **Postfachnummer** wird in Zweiergruppen von rechts gegliedert:

Postfach 38 56
Postfach 3 99

Gebäude über mehrere **Hausnummern** werden mit Bindestrich und jeweils einer Leerstelle geschrieben:

Ostring 45 - 49

Steht hinter der Hausnummer noch ein Buchstabe, steht davor eine Leerstelle:

Beethovenstraße 14 b

Beachten Sie die Schreibweise **mit Bindestrich bei Straßennamen:**

- *mit Personennamen (Vor- und Nachname)*

Max-Reger-Straße
Theodor-Heuss-Allee

- *bei gebeugten Ortsnamen*

Kölner Straße
Kreuznacher Straße

Bei Adjektivverbindungen und Verhältniswörtern wird getrennt geschrieben:

Lange Allee
Breite Straße

Unter den Linden
Am Friedhof

Bestehen Straßennamen aus Substantiven, Personennamen ohne Vornamen oder ungebeugten Adjektiven, werden sie zusammengeschrieben:

Beethovenstraße
Winzergasse
Hochweg

Tipp

Neu in der DIN 5008: Keine Leerzeile mehr zwischen der Straße und dem Bestimmungsort!

Wolfgang Führich
Hofwingert 15
68307 Mannheim

Tipp

- Das **Bestimmungsland** wird in deutscher Sprache geschrieben (SPANIEN, ITALIEN), achten Sie jedoch darauf, dass Sie Großbuchstaben verwenden!
- Der **Bestimmungsort** wird in der jeweiligen Landessprache formuliert (FIRENZE, VENEZIA). Auch der Ort wird in Großbuchstaben geschrieben.

Schon seit einigen Jahren werden Länderkennzeichen wie NL für Niederlande oder E für Spanien nicht mehr verwendet.

Wer wird bei Privatanschriften an erster Stelle genannt? Die Dame oder der Herr?

Man nennt die Dame an erster Stelle. Bis vor einiger Zeit galt der Mann noch als „Familienoberhaupt" und stand an erster Stelle im Adressfeld. Die Anrede eines Ehepaares mit Titel und Vornamen des Mannes sind heute veraltet. Sprechen Sie jede der betroffenen Personen einzeln an, das ist die eleganteste Form:

(Frau) Sabine Müller und
(Herrn) Helmut Müller

oder: Sabine und Helmut Müller

Checkliste: Adressfeld

- Vergessen Sie keine akademischen Titel oder Berufsbezeichnungen
- Beachten Sie Feminisierungen, zum Beispiel: Professorin, Rechtsanwältin
- Ergänzen Sie bei Führungskräften die entsprechende Position:
  Dr. Peter Adolphs
  Geschäftsführer Fabrikautomation
- Wissen Sie den Vornamen, schreiben Sie ihn unbedingt dazu
- Verzichten Sie auf antiquierte Formen wie zum Beispiel: z. Hd.
- Die Angabe der Abteilung ist bei großen Unternehmen sehr hilfreich
- Verzichten Sie auf die Angaben „Firma“ oder „Herr“ oder „Frau“.
- Achten Sie auf die Etikette! Kleinigkeiten bei Namen, Titeln, akademischen Graden und Berufsbezeichnungen können über den Erfolg oder Misserfolg eines Schreibens entscheiden – und das schon im Adressfeld!

Der Infoblock

So heißt heute der Teil des Briefes, der früher als „Bezugszeichenzeile“ bekannt war. Dort standen Angaben wie: „Ihre Zeichen/Unsere Zeichen“.

Der Infoblock enthält, wie der Name sagt, alle Infos, die der Empfänger über den Verfasser braucht. Der Infoblock ist mit der Signatur einer E-Mail vergleichbar (siehe Kapitel 11). Der Infoblock ist rechts oben auf dem Briefbogen platziert, meist unterhalb des Firmenlogos (vergleichen Sie auf Seite 22 – Briefmaske). Der Infoblock ist 125,7 Millimeter von der linken Blattkante entfernt.

Checkliste: Infoblock

Diese Angaben sollte ein Infoblock enthalten:

- Vor- und Zunamen des Ansprechpartners
- Diktatzeichen – wer schreibt?
- Abteilungsbezeichnung (besonders sinnvoll bei großen Unternehmen)
- Telefon- und Faxdurchwahl
- E-Mail-Adresse
- Eventuell Internetadresse, wenn sie nicht schon auf dem Briefbogen aufgedruckt ist
- Bei kleinen Firmen oder Behörden sind die Bürozeiten oft hilfreich
- Datum

Versorgen Sie den Empfänger stets mit den Angaben, die er benötigt, um möglichst schnell mit Ihnen in Verbindung zu treten. Muss der Leser erst Ihre Telefondurchwahl erfragen oder sich nach Ihrer E-Mail-Adresse erkundigen, kann der weitere Verlauf der Geschäftsbeziehung schon darunter leiden. Achten Sie stets darauf, dass Sie dem Empfänger nicht nur durch Ihre Formulierungen, sondern auch mit anderen Details Wertschätzung und persönliche Aufmerksamkeit entgegenbringen.

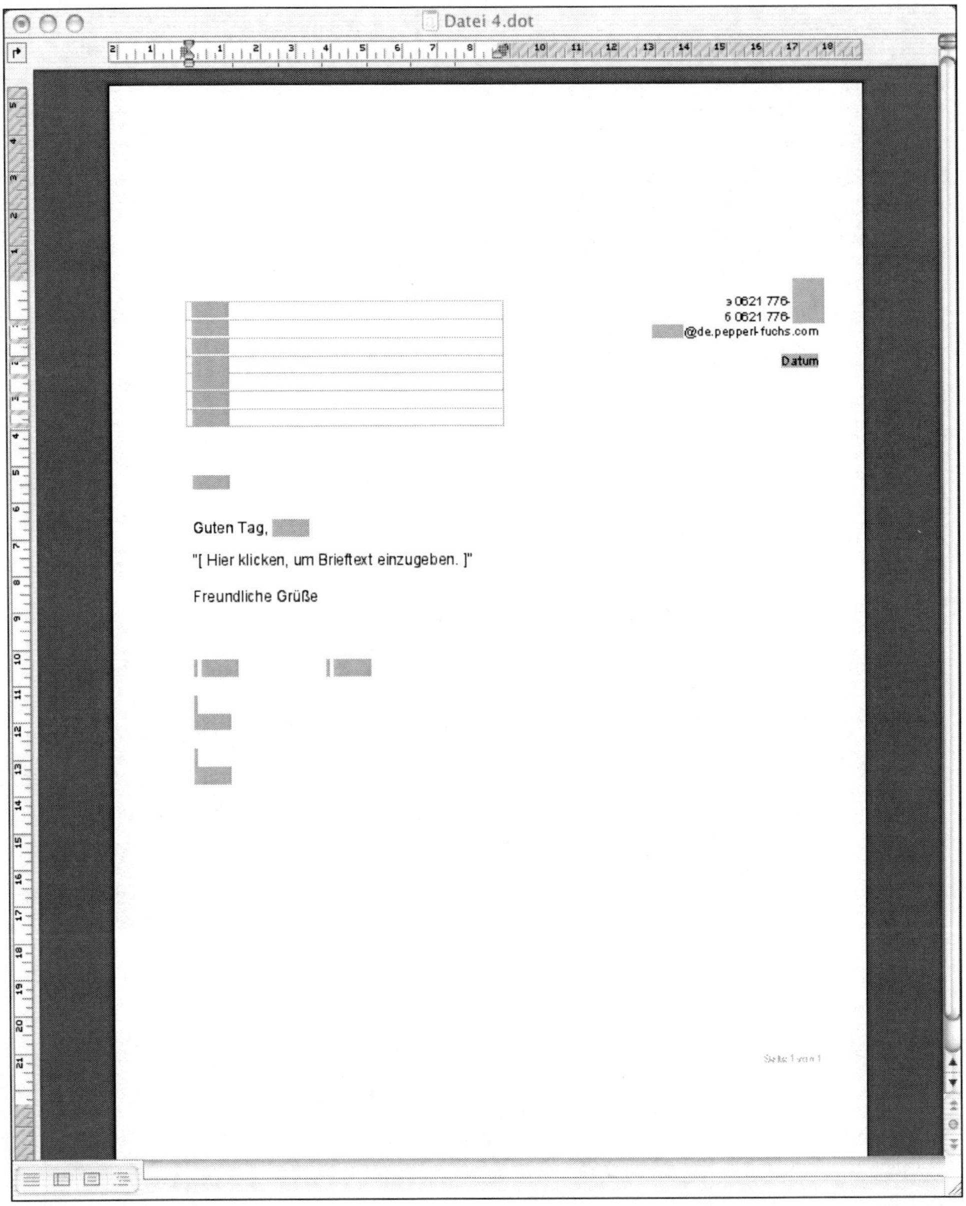

Abbildung 1: Briefmaske Brief

Die Betreffzeile

Die Bedeutung des Betreffs wird oft unterschätzt. Der Betreff ist der **Eyecatcher** des Schreibens. An dieser Stelle entscheidet der Leser, zum Beispiel bei einem Werbebrief, ob er weiterliest oder nicht, genau wie bei einer **Schlagzeile** in der Zeitung, die Sie entweder fesselt und neugierig macht oder Sie den Artikel einfach nur überfliegen lässt.

Formulieren Sie den Betreff so, dass der Lesernutzen klar erkennbar ist *(zum Beispiel: „Wie profitieren Sie von unserem neuen Internetauftritt?“).* Gestalten Sie den Betreff so interessant wie möglich, vermeiden Sie zum Beispiel folgende Formulierung für eine Betreffzeile: *„Ihr Schreiben vom 5. August 2006, unser Angebot vom 8. August 2006“.* Das ist zwar eine wichtige sachliche Angabe, die Sie jedoch auch noch in den Text selbst integrieren können.

Denken Sie an die Wichtigkeit der Betreffzeile Ihrer E-Mail-Korrespondenz. Sicher kennen Sie die Situation, dass Ihnen aus der Informationsflut Ihres E-Mail-Eingangs nach einigen Tagen Abwesenheit sofort die interessant formulierten Betreffzeilen ins Auge stechen – Sie sehen ja zunächst nur die Betreffzeile und schätzen so ab, ob der Inhalt für Sie wichtig und nützlich ist.

Der Betreff ist auch **Inhaltsangabe** und eine Zusammenfassung des Briefinhalts. Sie informieren sofort konkret, um was es geht. Der Empfänger kann somit genau einordnen, zu welchem Vorgang das Schreiben gehört und welche Priorität es hat *(zum Beispiel: „Unser Lösungsvorschlag zu Ihrer Reklamation ...“).*

Wägen Sie ab, wie modern Sie den Betreff formulieren können. Der Stil sollte immer zum Unternehmen und zur Corporate Identity passen. In einem sehr konservativen privaten Bankhaus wird wohl kaum jemand als Betreff formulieren: *„Wir sagen Ihnen die Zukunft voraus“,* für eine Werbeagentur dagegen kann der Betreff genau die richtige Formulierung sein.

Checkliste: Betreffzeile

- Das Wort „Betreff“ wird heute nicht mehr in die Betreffzeile gesetzt.
- Setzen Sie keinen Punkt am Ende des Betreffs. Nur Fragezeichen oder Ausrufezeichen werden benutzt.
- In Brief und Fax steht der Betreff zwei Leerzeilen unter dem Infoblock. Gibt es keinen Infoblock, steht der Betreff vier Leerzeilen unter der letzten Zeile des Adressfeldes (siehe Seite 22 – DIN-gerechter Briefbogen).
- Zwischen Betreff und Anrede stehen zwei Leerzeilen.
- Klarheit geht vor Kürze! *(Zum Beispiel „Anfrage“ ist zu wenig, es fehlen weitere Angaben, um die Anfrage einordnen zu können“).*
- Bei privaten Schreiben – zum Beispiel: bei einer Gratulation zum Geburtstag oder Jubiläum entfällt der Betreff.
- Bei langen Schreiben schaffen Teilbetreffs eine klare Struktur und geben bessere Übersicht. Sie dienen als Zwischenüberschriften.

Fortsetzung

- Mit einem gut durchdachten Betreff erhöhen Sie die Werbewirksamkeit eines Schreibens, machen neugierig und regen zum Weiterlesen an *(zum Beispiel: „Wie gut ist Ihr Gedächtnis?“).*
- Sachliche Informationen integrieren Sie besser im Text.

Die Anrede

Mit der Anrede erreichen Sie eine persönliche und emotionale Wirkung beim Leser. Bevor Sie die Anrede formulieren, denken Sie über folgende Fragen nach:

- Wie ist Ihre persönliche Beziehung zum Empfänger?
- Ist die Anrede dem Anlass angemessen?
- Passt die Anrede zum Stil des Unternehmens
- Ist es Ihr eigener Stil?
- Kennen Sie den Empfänger? Passt die Anrede zu ihm?

Die gewählte Form der Anrede sollte immer zur Qualität der Beziehung zum Leser Ihres Schreibens passen. Sind Sie zum Beispiel sehr vertraut mit einem Geschäftspartner und kennen Sie sich seit vielen Jahren persönlich, wählen Sie *„Lieber Herr Dr. Kern“*. Ist es dagegen der erste Kontakt, mit dem Sie sich bekannt machen wollen, schreiben Sie vielleicht eher *„Sehr geehrter Herr Dr. Kern“*.

Die Anrede endet entweder mit einem Komma, dann beginnt der nachfolgende Text mit einem kleinen Buchstaben (natürlich nur, wenn das Schreiben nicht mit einem Substantiv beginnt) oder mit einem Ausrufezeichen. Dann beginnt der nachfolgende Text mit Großbuchstaben.

Für die moderne Korrespondenz gilt ein Ausspruch von Goethe: *Schreibe wie du sprichst, nur sorgfältiger.*

Deshalb verwendet man heute die Form *„Guten Tag, Herr x“* als Standard. Diese Formulierung hat sich in den letzten Jahren durchgesetzt. *„Sehr geehrter Herr x“* gilt als nicht mehr ganz zeitgemäß. Bedenken Sie, dass Sie auch einen Gesprächspartner der obersten Hierarchieebene bei der persönlichen Begrüßung oder am Telefon mit den Worten *„Guten Tag, Herr ...“* und nicht mit *„sehr geehrter Herr...“* ansprechen. Um dem Satz von Goethe zu entsprechen, schreiben wir also genau in der gleichen Anredeform, die wir auch in der mündlichen Kommunikation benutzen.

Es gilt immer das Prinzip der Leserorientierung. Wissen Sie von Ihrem Korrespondenzpartner, dass er die Anrede „Sehr geehrter ...“ schätzt, verwenden Sie sie.
Machen Sie den Test: Wie wirken folgende Anreden auf Sie? Von welchem Korrespondenzpartner könnte die Post kommen?

Guten Tag, Frau Meier!
Sehr geehrte Frau Meier!
Liebe Frau Meier,
Sehr geehrte Frau Rechtsanwältin Meier,
Hallo Frau Meier,

Hier einige Beispiele für moderne Varianten bei der Anrede:

Grüß Gott, Herr Schmitt!
Einen schönen guten Morgen nach Berlin, Herr Schmitt,
Moin, moin nach Hamburg, Frau Meier!
Guten Morgen, Frau Kaiser!
Hallo und guten Tag, liebe Frau Hepp!

Wählen Sie je nach dem Grad der Beziehung zum Leser:

„Sehr geehrter Herr Dr. Weibler", – offiziell, Normalform
„Guten Tag, Herr Dr. Weibler," – offiziell, vertrauter
„Lieber Herr Dr. Weibler," – sehr vertraut

Haben Sie nicht den Namen Ihres direkten Ansprechpartners zur Hand, schreiben Sie:

Guten Tag!
Sehr geehrte Damen und Herren!
Sehr geehrte Damen!
Sehr geehrte Herren!

Akademische Titel gehören in die Anrede:
Guten Tag, Herr Dr. Kern,…
Sehr geehrter Herr Professor Langbein!

Checkliste: Anrede

- In der Anrede steht die Frau an erster Stelle.
- Im Geschäftsleben wird, unabhängig vom Geschlecht, die ranghöhere Person zuerst angesprochen.
- Der akademische Titel, wie zum Beispiel **Professor oder Dr.** gehört auch in die Anrede, nicht jedoch der Titel Dipl. Ing.
- Auch in eine E-Mail gehört eine angemessene Anrede!

Übung 1:

1. Sie sind der Vorgesetzte von Herrn Schulte. Er feiert seine Verabschiedung nach 30 Jahren Betriebszugehörigkeit. Sie kennen ihn nicht sehr gut, Ihre Beziehung spielte sich immer auf geschäftlicher Ebene ab. Sie formulieren einen Brief im Namen des Unternehmens und bedanken sich für seine Arbeit im Unternehmen. Welche Anrede wählen Sie?

____

2. Sie bedanken sich am Jahresende bei Ihrem besten Kunden, Herrn Dr. Adolphs, für sein Vertrauen, das er Ihnen bewiesen hat:

____

3. Sie laden Ihre langjährige Nachbarin, Frau Riedel, zu Ihrem 50. Geburtstag ein:

____

4. Sie sind zugezogen und laden Ihre neue Nachbarin, Frau Schneider, zu Ihrer Einweihungsparty ein:

....

(Die Lösung finden Sie auf Seite 117.)

Es gibt Menschen, die besonderen Wert auf ihre **akademischen Titel** legen. Sie haben sie sich hart erarbeitet und sind stolz darauf. Zur Wertschätzung des Korrespondenzpartners gehört es, den Titel bei der Anrede zu beachten. Doch wie erfahren Sie den richtigen Titel? Nicht immer haben Sie eine Visitenkarte oder eine konkrete Absenderangabe. Fragen Sie im Zweifelsfall telefonisch im Sekretariat des Korrespondenzpartners nach oder recherchieren Sie im Internet unter den Kontaktnamen des Unternehmens.

Checkliste: Titel

- Dipl.-Ing. – Diplom-IngenieurIn
- Dipl.-Ing. FH – Diplom-IngenieurIn Fachhochschule
- Dipl.-Päd. – Diplom-PädagogIn
- Dipl.-Päd PH – Diplom-PädagogIn von der Pädagogischen Hochschule
- M.A. – Magister/Magistra Artium
- Dres. – Doktores (Anrede für mehrere Personen mit Doktortitel)
- Dr. habil. – promoviert und habilitiert (kann Professur annehmen)
- Dr. med. – Doktor der Medizin
- Dr. mult. Person mit mehreren Doktortiteln (multiplex) oder Dr. Dr.
- Dr. h. c. – Doktor ehrenhalber (honoris causa)
- Prof. – Professor im Amt
- Prof. emer. – Professor im Ruhestand (emeritus)

Die Anrede von Menschen mit Titel ist immer noch eine heikle Angelegenheit und manchmal auch ein politisches Statement. Zwar wurde das Standesrecht des Adels 1919 abgeschafft und es besteht kein rechtlicher Anspruch mehr auf die Anrede mit dem Adelstitel, aber manche Herrschaften bestehen eben darauf und dann sollten sie ihn auch haben, ihren „Graf" oder ihre „Baronin". Sie setzen solche Titel statt „Herr" oder „Frau" vor den Namen, also etwa: Baron Führich. Herr Baron sagen nur Dienstboten. Herr von Führich ist dagegen auch in Ordnung. Die Königlichen Hoheiten werden übrigens ohne Nachnamen angesprochen.

Bei kirchlichen Titeln können Sie es sich mittlerweile einfach machen: Herr Pfarrer, Herr Bischof sind üblich, Hochwürden ist nicht mehr nötig.

Erworbene Titel (also zum Beispiel auf dem akademischen Weg, aber nicht durch Adoption erworbene) gelten wie der Doktortitel als Bestandteil des Namens und werden vor dem Nachnamen genannt (Frau Doktor Breuninger zum Beispiel). Ausnahme sind promovierte Ärzte, dann ist der Doktortitel auch gleich die Berufsbezeichnung und man spricht den Betreffenden ohne Nachnamen an (Herr Doktor). Professoren sind die „Könige" unter den Akademikern und werden Herr bzw. Frau Professor genannt, ohne Nachnamen.

Bei Berufs- und Funktionstiteln verfahren Sie so wie bei Ärzten (Frau Bürgermeisterin, Herr Botschafter).

Übung 2: Verbinden Sie die folgenden Anreden mit den passenden Grußformeln:
(Die Lösung finden Sie auf Seite 117.)

Anrede	**Welcher Gruß passt?**
Hallo Peter,	Mit freundlichen Grüßen
Lieber Günther,	Einen erholsamen Urlaub wünscht
Sehr geehrter Herr Dr. Kegel,	Sonnige Grüße von der Bergstraße
Liebe Kolleginnen und Kollegen,	Freundliche Grüße
Sehr geehrter Herr Rechtsanwalt,	Beste Grüße aus Dresden
Guten Tag, Frau Nieke,	Tschüss

Beispiele für Briefanschriften und -anreden:

Die Berufsbezeichnung steht hinter der Anrede:

Frau Rechtsanwältin
Marliese Schmitt
Königsallee 99
55543 Bad Kreuznach

Der akademische Grad steht vor dem Namen:

(Herrn)
Dipl-Ing. Herbert Köhler
Pariser Straße 56
67240 Bobenheim-Roxheim

Beim Privatbrief wird die Person zuerst genannt. Der Brief darf nicht geöffnet werden:

Alina Metzmacher
Schöller & Partner
Littersheimer Weg 9
65203 Wiesbaden

Auslandsanschrift: Bestimmungsort und -land werden in Großbuchstaben geschrieben:

Maria Splawski
Plaza de Carmen 99
56784 SEVILLA
SPANIEN

Akademiker-Anschriften:	Schriftliche Anrede:
Herrn Dr. jur. Tobias Meier	Sehr geehrter Herr Dr. Meier,
Frau Professorin Heidrun Jung	Sehr geehrte Frau Professorin Jung,
Herrn Mag. Reiner Biesdorf	Sehr geehrter Herr Magister Biesdorf,
Frau Mag. Marion Bollmann	Sehr geehrte Frau Magister Bollmann,

Abbildung 2: Akademiker-Anschriften und schriftliche Anrede

Titel, Stand, Rang, Beruf	Anschrift	Schriftliche Anrede
Bundes- und Landesregierung sowie Kommunen		
Bundeskanzler	Herrn Bundeskanzler der Bundesrepublik Deutschland Vorname/Zuname	Sehr geehrter Herr Bundeskanzler
Bundeskanzlerin	Frau Bundeskanzlerin der Bundesrepublik Deutschland Vorname/Zuname	Sehr geehrte Frau Bundeskanzlerin
Bundespräsident	Herrn Bundespräsident der Bundesrepublik Deutschland Vorname/Zuname	Sehr geehrter Herr Bundespräsident
Bundespräsidentin	Frau Bundespräsidentin der Bundesrepublik Deutschland Vorname/Zuname	Sehr geehrte Frau Bundespräsidentin
Präsident des deutschen Bundestages	Herrn Vorname/Zuname Präsident des deutschen Bundestages	Sehr geehrter Herr Bundestagspräsident
Bundesratspräsident/in	Herrn/Frau Vorname/Zuname Präsident/in des Bundesrates	Sehr geehrter Herr Bundesratspräsident/ Sehr geehrte Frau Bundesratspräsidentin
Präsident	Herrn Vorname/Zuname Präsident des …	Sehr geehrter Herr Präsident
Staatssekretär	Herrn Vorname/Zuname Staatssekretär im Bundeskanzleramt	Sehr geehrter Herr Staatssekretär
Bürgermeister	Herrn Vorname/Zuname Bürgermeister der Stadt …	Sehr geehrter Herr Bürgermeister
Bürgermeisterin	Frau Vorname/Zuname Bürgermeisterin der Stadt …	Sehr geehrte Frau Bürgermeisterin
Vorsitzender einer Bundestagsfraktion	An den Vorsitzenden der Fraktion der … im Deutschen Bundestag Herrn Vorname/Zuname	Sehr geehrter Herr Vorsitzender
Bundesminister	An den Bundesminister des Innern (oder der Verteidigung etc.)	Sehr geehrter Herr (Bundes-)Minister
Ministerpräsident	An den Ministerpräsidenten des Landes …	Sehr geehrter Herr Ministerpräsident

Abbildung 3: Welche Anschrift und welche schriftliche Adresse bei welchem Titel

Fortsetzung Bundes- und Landesregierung sowie Kommunen		
MdBs	An das Mitglied des Deutschen Bundestages Herrn/Frau (Dr.-Titel) Vorname/Zuname	Sehr geehrter Abgeordneter Herr (Dr.-Titel) Name Sehr geehrte Abgeordnete Frau (Dr.-Titel) Name *oder* Sehr geehrter Herr (Bundestags-)Abgeordneter
Bezirkspräsident/in	Herrn/Frau Bezirkspräsident/in Vorname/Zuname	Sehr geehrte/r Herr/Frau Bezirkspräsident/in
Bezirksstadtrat/rätin (Berlin)	Herrn/Frau Bezirksstadtrat/rätin	Sehr geehrte/r Herr/Frau Bezirksstadtrat/rätin

Diplomaten		
Botschafter/in (fremder Länder)	An den Botschafter/die Botschafterin (Land) in … Herrn/Frau	Eure Exzellenz
Botschafter/in (deutsch)	An den Botschafter/die Botschafterin der Bundesrepublik Deutschland in … (Land) Herrn/Frau	Sehr geehrter Herr Botschafter/ Sehr geehrte Frau Botschafterin
Konsul	Herrn Konsul …	Sehr geehrter Herr Konsul

Kirchliche Ämter		
Papst	Seiner Heiligkeit Papst Benedikt	Eure Heiligkeit *oder* Heiliger Vater
Kardinal	Seiner Eminenz den Hochwürdigsten Herrn Francesco Kardinal Jerez	Euer Eminenz
Bischof	Herrn Bischof Günther Blomberg	Sehr geehrter Herr Bischof
Pastor	Herrn Pastor Peter Adams	Sehr geehrter Herr Pastor
Erzbischof	Herrn Erzbischof von … Walter Schneider	Sehr geehrter Herr Erzbischof

Polizei, Bundeswehr		
General	Herrn General Klaus Steinhäuser	Sehr geehrter Herr General Steinhäuser
Kriminaldirektor	Herrn Karl Drossel	Sehr geehrter Herr Kriminaldirektor Drossel

Abbildung 3: Fortsetzung

Hochschulen und Unternehmen		
Rektor einer Hochschule	Herrn Prof. Dr. ... Rektor der Universität ...	Sehr geehrter Herr Professor
Dekan (Vorstand einer Fakultät)	Herrn Prof. Dr. ... Dekan der ... Fakultät der Universität *oder* Dekan der ... Fakultät der Universität Herrn Prof. Dr. ...	Sehr geehrter Herr Dekan
Außerordentlicher/ ordentlicher Professor einer Hochschule	Herrn Prof. Dr. rer. nat. (alle Titel und Zusätze) Vorname/Zuname ... Universität	Sehr geehrter Herr Professor (nur den höchsten Titel verwenden)
Aufsichtsratsvorsitzender einer AG	Herrn Vorname/Zuname Aufsichtsratsvorsitzenden der ... AG	Sehr geehrter Herr Aufsichtsratsvorsitzender

Adelstitel		
Baron	Herrn Baron von (Nachname)	Sehr geehrter Herr Baron Sehr geehrter Herr von (Nachname)
Freiherr	Freiherrn Albert von Lüddecke	Sehr geehrter Herr von Lüddecke
Gräfin	Frau Gräfin Elisabeth von Speyer	Sehr geehrte Gräfin ...
Graf mit Titel	Herrn Dr. (Vorname) von Bülow	Sehr geehrter Dr. Graf ...

Abbildung 3: Fortsetzung

Grußformel und Unterschrift

Hier können Sie kreativ sein und Ihren persönlichen Stil zum Ausdruck bringen. „Mit freundlichen Grüßen" – damit liegen Sie immer richtig. Sie erregen jedoch keine Aufmerksamkeit. Es ist eine wenig kreative Standardgrußformel.

Die Grußformel ist wie eine persönliche Unterschrift! Auch hier gilt das Prinzip der Leserorientierung. *Hat Ihnen Ihr Gesprächspartner zum Beispiel gerade am Telefon von seinem bevorstehenden Wochenende in Paris erzählt, warum schreiben Sie dann nicht in der E-Mail, die Sie kurz darauf an ihn senden: „Beste Grüße und ein erlebnisreiches Wochenende in Paris ..."*

Beispiele für antiquierte Grußformeln: „Wir hoffen Ihnen hiermit gedient zu haben und verbleiben mit freundlichen Grüßen" oder gar *„hochachtungsvoll"*. Besonders das letzte Beispiel macht deutlich, wie sich der Zeitgeist geändert hat.

Erreichen Sie mit Ihrem Gruß eine nachhaltige Wirkung und geben Sie dem Schreiben eine persönliche Note:

- Für heute einen schönen Tag wünscht …
- Auf Wiedersehen an unserem Messestand …
- Bis bald und viele Grüße
- Aus Wien grüßt
- Beste Grüße
- Freundliche Grüße von Schreibtisch zu Schreibtisch
- Viele Grüße aus der Nachbarschaft
- Herzliche Grüße aus Regensburg
- Beste Grüße aus der Olympiastadt Turin
- Weihnachtliche Grüße aus Nürnberg
- Sonnige Grüße von der Nordseeküste
- Bis dahin eine gute Zeit wünscht …
- Schöne Grüße aus Worms
- Vom Neckar grüßt Sie …
- Es grüßt Sie …
- Einen guten Start in die neue Saison wünscht …
- Freundliche Grüße nach Leipzig

Nicht immer müssen es die „freundlichen Grüße sein". So kann Ihr Schreiben auch enden:

- Auf gute Zusammenarbeit freut sich …
- Ihre Meinung interessiert …
- Weitere Fragen beantwortet Ihnen gerne Herr Erwin Schmitt …
- Für Ihre Mühe dankt schon heute …
- Ein erholsames und stressfreies Wochenende wünscht …
- Einen schönen Urlaub wünscht Ihnen …
- Auf einen Meinungsaustausch mit Ihnen freut sich …
- Um Ihre Entscheidung bis zum 15. März bittet …
- Eine erfolgreiche Arbeitswoche wünscht …
- Eine gute Reise nach London wünscht …
- Viel Erfolg wünscht Ihnen …

Anrede- und Grußform sollten auf der gleichen emotionalen Wellenlänge liegen.
Nach der Grußformel folgt linksbündig die Unterschrift sowie die gedruckte Wiederholung des Namens, um Rätselraten bei unleserlichen Handschriften zu vermeiden.

Eventuell folgt in der Unterschriftsformel noch einmal der Firmenname. Den Abstand zwischen der Unterschrift und dem Firmennamen legen Sie selbst fest, ebenfalls ob Sie überhaupt den Firmennamen noch einmal aufführen. Denn meistens ist der Firmenname schon im Logo oder im aufgedruckten Adressfeld als Absender zu sehen. Legen Sie dies intern fest. Die DIN 5008 sieht hierfür keine Regelung vor.

Tipp

Regeln Sie die Gestaltung der Unterschriftsformel zur Wahrung der Corporate Identity im Unternehmen einheitlich!

Beispiel:

Beste Grüße nach München
(Leerzeile)
BASF AG
(Leerzeile)
(Leerzeile)
(Leerzeile)
i. V. Martin Scholl

Handlungsvollmacht & Co.

- „ppa.“ bedeutet „per prokura“ und beinhaltet Generalvollmacht. Der Unterzeichner ist Prokurist.
- „i. V.“ bedeutet „in Vertretung“ und zeigt Handlungsvollmacht an.
- „i. A.“ bedeutet „im Auftrag“ und beinhaltet keine besonderen Vollmachten

Beispiel:

Weihnachtliche Grüße aus Nürnberg
(Leerzeile)
Gerhard Möller AG
(Leerzeile)
ppa.
(Leerzeile)
(Leerzeile)
(Leerzeile)
Egon Jung

Checkliste Grußformel

- Emotionale Grußformeln müssen immer zur Beziehung zum Leser passen.
- Auch unter eine E-Mail gehört die entsprechende Grußformel.
- Die Unterschrift besteht aus Vor- und Zuname.
- Abkürzungen („Mfg“ oder „LG“ für Liebe Grüße) sind tabu.
- Bei zwei Unterschriften steht links der „Ranghöhere“
- Achten Sie bei „i. A.“ und „i. V.“ auf die Leerstellen!
- Nur Geschäftsführer dürfen ohne jeglichen Zusatz unterschreiben!

Die Bedeutung des Postskriptums (PS)

Die Rolle des PS wird meist unterschätzt. Früher wurde es benutzt, um Vergessenes noch unterzubringen. Heute wird das PS genutzt, um besondere Nachrichten zu platzieren, denen der Leser Aufmerksamkeit schenken soll. Das PS steht genau an der richtigen Stelle, wenn es um die Erfassung eines Briefes mit dem menschlichen Auge geht. (Siehe Stichwort „S-Blick auf Seite 42). Deshalb sollten Sie das PS nutzen, um Nachrichten besonders hervorzuheben.

Dies können sein:

- Hinweise auf Betriebsferien
- Besondere Angebote des Monats
- Einladung zu einer Messe
- Eine Frage, die zum Nachdenken anregt

Beachten Sie

PS wird ohne Punkt und mit zwei Großbuchstaben geschrieben. Es bedeutet Postskriptum und heißt übersetzt „das Nachgeschriebene“.

Gute Beispiele, die auffallen:

PS: Ab 2. August machen wir Betriebsferien. Am 1. September sind wir wieder für Sie da.

PS: Der erste Preis unseres Gewinnspiels beschert Ihnen eine Kreuzfahrt durchs Mittelmeer! Wollen Sie sich diese Chance entgehen lassen?

PS: Jeder Besucher auf unserem Stand erhält eine besondere Überraschung!

PS: Was halten Sie von unserem neuen Internetauftritt. Wenn Sie uns Ihr Feedback per E-Mail senden, erhalten Sie ein kleines Dankeschön. Lassen Sie sich überraschen!

Anlagen

Der Hinweis „Anlage“ steht mit einer Leerzeile getrennt vom gedruckten Vor- und Zunamen des Unterzeichners. Ist nicht mehr genügend Platz am Ende des Briefes vorhanden, können Sie die Anlagen auch am rechten Rand auf der Höhe der Grußformel beginnen (125,7 Millimeter von der linken Blattkante).

Weniger ist mehr! Haben Sie die Anlagen schon im Text erwähnt, genügt es, wenn Sie nur das Wort „Anlagen“ unter die Unterschrift setzen, ohne diese noch einmal aufzuzählen.

Beachten Sie die **Form:** Es gibt keine Leerzeile zwischen dem Wort „Anlagen“ und der konkreten Nennung. Der Begriff „Anlagen“ kann, muss jedoch nicht fett gedruckt werden und wird nicht unterstrichen.

Verteiler

Oft ist eine Information an den Empfänger sinnvoll, wer dieses Schreiben noch in Kopie erhalten hat. Platzieren Sie den Verteiler bündig unter den Anlagenvermerk mit einer Leerzeile getrennt.

Denken Sie kritisch darüber nach, ob es für den Empfänger wirklich eine nützliche Information ist. Sie können den Zusatz „Verteiler“ umgehen, indem Sie im Text erwähnen: „Herr Helmut Schmitt hat eine Kopie dieses Schreibens erhalten.“.

Beispiel für die Gestaltung der Grußformel, Unterschrift, Aufführen der Anlagen und des Verteilers:

Schöne Grüße von der Insel Sylt
(Leerzeile)
Max Pfleiderer GmbH
(Leerzeile)
(Leerzeile)
(Leerzeile)
Hans Rieger
(Leerzeile)
Anlagen
Vertragsentwurf
(Leerzeile)
Verteiler
Stefanie Weibler, Buchhaltung

Blocksatz oder Flattersatz

Der Flattersatz – also die linksbündige Formatierung eines Textes – kommt dem Leseverhalten des Menschen entgegen. Der Blocksatz in einem Brief ist deshalb ungünstig, da er wie eine Drucksache oder ein Massenbrief wirkt. Hinzu kommt, dass durch die unterschiedlichen Abstände zwischen den einzelnen Wörtern der Lesefluss gestört wird.

4. Moderner Schreibstil

Was hat sich geändert und warum?

Der Zeitgeist prägt nicht nur unsere gesprochene Sprache, sondern auch den Schreibstil maßgeblich. Wenn Sie Jugendlichen in der U-Bahn zuhören, stellen Sie fest, dass sie zum Beispiel vor 20 Jahren ganz anders miteinander gesprochen haben. Auch die modernen Kommunikationsmittel wie E-Mail oder SMS tragen zu diesen Veränderungen bei. In einer SMS zum Beispiel teilen wir kurz und knapp das Wichtigste mit. Dabei ändert sich die Sprache – nicht immer zum Positiven. Denn: Guter Stil ist das harmonische Zusammenspiel von Ausdruck, Wortwahl sowie Stimmigkeit von Inhalt, Form und Sprache.

Jedes Schreiben hinterlässt eine Wirkung: Freude, Ablehnung, Entsetzen, Wohlwollen, Bewunderung oder Wut. Wie kommt diese Wirkung zustande? Wörter, Zeichen, bestimmte Formulierungen prägen sich bei uns ein, wenn wir einen Brief lesen.

In diesem Kapitel geht es vor allem darum, wie Sie modern und gleichzeitig korrekt formulieren. Es gibt Ihnen Tipps und Anregungen, wie Sie sich mit einem eigenen Stil aus den 08/15-Formulierungen Anderer hervorheben.

Sicher erinnern Sie sich an Briefe, die Sie motiviert, ja sogar begeistert haben. Wie erreichen Sie diese Wirkung? Durch Worte, die positive Assoziationen bewirken. Beispiele dafür finden Sie in Kapitel 6. Ihre Reaktion auf ein Schriftstück hängt erheblich vom Stil ab, nicht unbedingt nur vom Inhalt. Genauso geht es Ihnen in der mündlichen Kommunikation. Oft sind Sie persönlich getroffen, weil jemand in einem ganz bestimmten Ton mit Ihnen gesprochen hat, der Inhalt des Gesagten steht dabei nicht unbedingt im Vordergrund.

Formulieren Sie knapp, bündig und wirkungsvoll. Vermeiden Sie den „Kanzleistil", das heißt, den Stil, der vor hundert Jahren in den alten Kanzleistuben üblich war: *„Wir werden stets bemüht sein, unsere Kunden aufs Beste zu bedienen und bitten um Ihr Wohlwollen – Hochachtungsvoll"*. Dieser Satz kann heute so formuliert werden: *„Wir tun unser Bestes für unsere Kunden und setzen alles daran, damit Sie mit der Qualität unserer Produkte zufrieden sind. Beste Grüße aus München"*.

Schreiben Sie, als würde Ihnen der Empfänger gegenübersitzen. Stellen Sie sich vor, Sie treffen als Seminartrainerin eine Teilnehmerin aus dem letzten Seminar auf der Straße. Sie würden sie bestimmt nicht folgendermaßen ansprechen: *„Sehr geehrte Frau Meier, Bezug nehmend auf unser Seminar letzte Woche, möchte ich Ihnen noch mitteilen, dass Sie von mir im Nachgang noch ergänzende Unterlagen erhalten"*. Sie würden eher sagen: *„Guten Tag, Frau Meier.*

Schön, dass ich Sie treffe. Sie erhalten von mir in den nächsten Tagen noch ergänzendes Informationsmaterial zum Seminarskript“.

Verzichten Sie auf überflüssige Formulierungen, schreiben Sie lebendig. Vermeiden Sie Floskeln und nichtssagende Phrasen. Sie kosten die Zeit des Lesers.

Beispiele für prägnante Formulierungen

- Heute erhalten Sie ...
- Wir bitten um Ihren Besuch und schlagen Ihnen folgende Termine vor:
- Herzlichen Dank für Ihr Interesse an unseren Neuheiten.
- Können wir mit Ihnen rechnen?
- Ihre Vorschläge gefallen uns.
- Wir freuen uns auf Sie!
- Bitte antworten Sie uns bis zum ...
- Bitte entschuldigen Sie, dass Sie warten mussten.
- Wir freuen uns auf gute Geschäftsbeziehungen.
- Wir bieten Ihnen an ...
- Können Sie den Termin einhalten?
- Bitte informieren Sie uns, falls Schwierigkeiten auftreten.
- Herzlichen Dank für die schnelle Antwort.
- Ihre Bedenken sind berechtigt.

Bestimmt wird sich der Schreibstil eines Unternehmens nicht von heute auf morgen von antiquiert auf modern umstellen. Es ist ein Prozess, der seine Zeit braucht: „Scheibchenweise kann man Elefanten essen“. Zu einer Schreibkultur gehört auch ein gewisses Maß an Toleranz gegenüber veralteten Redewendungen. Die Korrespondenz Ihres Unternehmens und Ihre eigenen Schriftstücke sollten jedoch dem heutigen Zeitgeist entsprechen, sonst wirken Sie nicht überzeugend.

Antiquierte Floskeln und alte Zöpfe

Verzichten Sie auf folgende „Korrespondenzfossilien“:

Wenn Sie sich auf etwas beziehen:

- In Bezug auf .../Mit Bezug auf ...
- Unter Bezugnahme auf ...
- Bezug nehmend auf ... teilen wir Ihnen mit, dass ...
- In Beantwortung Ihres Schreibens vom ...
- Wir kommen zurück auf Ihr Schreiben vom ...
- Wir teilen Ihnen hiermit höflich mit, dass ...

Vorschläge für einen gelungenen Einstieg, wenn Sie sich bedanken und gleichzeitig auf etwas verweisen möchten:

- Ihr Schreiben vom ... habe ich heute erhalten. Besten Dank dafür!
- Mit Ihrem Brief vom ... haben Sie uns eine große Freude gemacht. Vielen Dank!
- Danke für Ihr Schreiben/Ihre Einladung/Ihre Informationen/Ihren Anruf vom ....
- Sie haben sich sehr intensiv mit dem Thema ... auseinander gesetzt. Herzlichen Dank für Ihre Ausführungen.
- Danke für Ihre Nachricht vom 15. Juli.

So sollten Sie einen Brief <u>nicht</u> beenden:

- Wir hoffen, Ihnen hiermit gedient zu haben, und verbleiben mit freundlichen Grüßen.
- Wir stehen Ihnen jederzeit gerne zur Verfügung.
- Wir erwarten Ihre umgehende Antwort.
- Wir würden uns freuen, Sie begrüßen zu dürfen.

Vorschläge für ein wirkungsvolles Briefende:

- Schon heute vielen Dank für Ihre Unterstützung.
- Geben Sie uns bald Bescheid?
- Über eine schnelle Lösung freuen wir uns.

Wenn Sie Anlagen versenden:

So nicht:

- Beiliegend erhalten Sie eine Anfahrtskizze.
- In der Anlage finden Sie …

Besser:

- Mit diesem Brief erhalten Sie eine Anfahrtskizze.
- Hier ist es, das angekündigte Konzept …

Weitere alte Zöpfe:

- Zu Ihrer Kenntnisnahme
- Zu Ihrer Entlastung

Modern:

- Damit Sie bestens informiert sind, erhalten Sie heute …
- „Zu Ihrer Entlastung" sollten Sie je nach Zusammenhang weglassen.

Füllwörter, Doppelmoppel & Co.

Füllwörter haben keine Aussagekraft und nehmen dem Sprachstil die Lebendigkeit. Dadurch wirken Aussagen wenig konkret.

Beispiele:

- *diesbezüglich*
- *praktisch*
- *quasi*
- *eigentlich*
- *nun*
- *hiermit*
- *hier*
- *absolut*
- *relativ*
- *einmal*
- *sicherlich*

Checkliste Anlagen

- Ist Ihr Brief rein sachlich geprägt und Sie schicken zum Beispiel wichtige Dokumente mit, dann sollten Sie diese im Text nennen: „Heute erhalten Sie …"
- Unter der Unterschrift führen Sie die konkreten Unterlagen unter dem Vermerk „Anlagen" auf.
- Vermeiden Sie verstaubte Formulierungen wie: „Wir legen die Unterlagen bei".
- Bei Briefen, die einen lockeren Umgang mit den verschickten Materialien zulassen (zum Beispiel Urlaubsprospekte), verzichten Sie auf die amtssprachliche Formulierung „Anlagen".

Vermeiden Sie **Doppelaussagen**. Man spricht von Tautologien. Dies sind Aussagen, die aus mehreren Teilen bestehen, jedoch alle dasselbe meinen. Sicher kennen sie das berühmte Beispiel vom weißen Schimmel.

Beispiele für Doppelaussagen:

- kleiner Moment
- Werbeslogan
- Testversuch
- Zeitepoche
- eigenverantwortlich
- Vorankündigung
- zwingende Notwendigkeit
- Telefonanruf
- abkopieren
- zeitliche Verzögerung
- stattgefundene Besprechung
- getroffene Entscheidung
- Zukunftsprognose
- Rückantwort
- neu renovieren
- Grundprinzip
- gestellte Rechnung
- hinzuaddieren
- frankierter Freiumschlag
- gemachte Aussage
- getroffene Vereinbarung
- bereits schon
- mündliches Gespräch
- aus dem Grunde, weil ...
- die Erlaubnis, etwas zu dürfen
- einzelne Details
- Vorentwurf
- die Fähigkeit, etwas zu können.

Überflüssige Phrasen und Floskeln, die Sie in der gesprochenen Sprache nicht verwenden, haben auch in Ihrer Korrespondenz nichts zu suchen:

Bürokraten-deutsch	Zeitgemäße Sprache
soeben	heute
mittels	mit (durch)
bezüglich	wegen
nichtsdestotrotz	trotz
ungeachtet dessen	trotz
seitens	von, durch
gemäß *Zum Beispiel: gemäß § 5, nach § 5*	nach
laut	nach
zwecks	zur (für)
Rückfrage	Frage
Rücksprache	Gespräch
verbleiben	weglassen
Ihrerseits/ unsererseits	weglassen
betreffs	wegen

Zusammenfassung

- Verzichten Sie auf Korrespondenzfossilien. Damit unterstützen Sie das moderne Erscheinungsbild Ihres Unternehmens.
- Schreibgewohnheiten lassen sich nicht von heute auf morgen ändern, die Loslösung ist ein längerer Prozess.
- Prüfen Sie die Standardschreiben in Ihrem Unternehmen und auch Ihre private Korrespondenz auf nicht mehr zeitgemäßen Stil. Ändern Sie Ihre Formulierungen Schritt für Schritt.

5. Aufbau und Gliederung

Die Einleitung ist eine Sympathiebrücke!

Der Briefeinstieg muss einladen weiter zu lesen. An dieser Stelle sollten Sie den Leser „ins Boot bekommen“ und ihn für sich gewinnen. Sparen Sie sich einen langatmigen Einstieg und gehen Sie gleich in medias res! Stellen Sie eine positive Verbindung her, dies erreichen Sie mit **positiver Sprache** (auch in negativen Situationen).

Beispiel: *„Wie schade, dass Sie beim Jahrestreffen nicht dabei sein können.“*, statt: *„Im letzten Brief teilten Sie uns mit, dass Sie beim diesjährigen Jahrestreffen leider nicht teilnehmen können. Dies bedauern wir sehr.“*

In der Kürze liegt die Würze. Formulieren Sie kurz und prägnant. In der heutigen Geschäftswelt haben Führungskräfte immer weniger Zeit. Sie schätzen es, wenn der Verfasser sofort zum Wesentlichen kommt. Ein kreativer und positiver Einstieg ist der Wegweiser für den weiteren Verlauf des Schreibens!

Tipps für gelungene Einstiegssätze:

Wenn Sie Ihre Freude ausdrücken wollen:

- Schön, dass Ihnen unsere Vorschläge gefallen.
- Wir freuen uns, dass wir Ihnen mit unseren Anregungen helfen konnten.
- Es freut uns, dass unsere Tipps für Sie hilfreich waren.
- Schön, dass Sie sich für unser Jahresprogramm interessieren.
- Ihr Erfolg im Projekt x freut uns.
- Ihre Antwort kam genau im richtigen Augenblick. Sie haben uns sehr geholfen. Danke für Ihren Einsatz!

Wenn Sie sich bedanken:

- Besten Dank für Ihre Unterstützung.
- Vielen Dank für Ihren Anruf vom 23. Februar.
- Haben Sie herzlichen Dank für …
- Danke für die exakten Angaben. Damit helfen Sie uns, …
- Lieben Dank für die umfangreichen Unterlagen.
- Ihre sachkundigen Hinweise haben uns sehr weitergebracht. Dankeschön.
- Mit Ihrer E-Mail von heute haben Sie mir eine große Freude gemacht. Vielen Dank dafür.
- Danke für die prompte Reaktion.
- Wir sagen danke für Ihre Unterstützung im Projekt x.
- Besten Dank, dass Sie unserem Vorschlag sofort zugestimmt haben.
- Für Ihre Unterstützung sind wir Ihnen sehr dankbar.
- Herzlichen Dank für Ihre Anregungen zu …
- Ich danke Ihnen/wir danken Ihnen für den herzlichen Empfang in Ihrem Unternehmen.
- Mit Ihren Informationen haben Sie uns sehr unterstützt. Vielen Dank dafür!
- Danke schön für Ihren Hinweis.

Wenn Sie den Leser neugierig machen wollen:

- Haben Sie schon unser neues Modell xy getestet?
- Kennen Sie schon unser Angebot des Monats?
- Möchten Sie einen Urlaub in der Karibik gewinnen? Alles, was Sie tun müssen, ist …
- Wissen Sie, wie gut Ihr Gedächtnis ist?
- Haben Sie schon einmal darüber nachgedacht, …
- Was fällt Ihnen ein, wenn Sie … hören?

So schaffen Sie gute Stimmung in heiklen Situationen:

- Wir wollen, dass Sie zufrieden sind. Deshalb haben wir sofort nach Ihrem Anruf alles Notwendige veranlasst, damit Artikel xy pünktlich bei Ihnen eintrifft.
- Bitte entschuldigen Sie unser Versehen. Danke für Ihre ehrlichen Worte.
- Ihr Standpunkt ist sicher richtig. Doch wir sollten außerdem bedenken, dass …
- Wir sind ganz Ihrer Meinung. Sie haben Recht, wenn Sie …
- Wir haben einen Fehler gemacht. Danke für Ihren Hinweis.
- Sie hatten um schnelle Antwort gebeten. Hier sind unsere Vorschläge:
- Sie haben ganz klar erkannt, dass …
- Sie haben Recht – die Rechnung war schon bezahlt. Bitte entschuldigen Sie unser Versehen.
- Danke, dass Sie uns auf den Fehler aufmerksam gemacht haben.
- Besten Dank für Ihre konstruktive Kritik. Ihre Vorschläge haben wir sofort mit unserem Betriebsleiter besprochen.
- Ihren Hinweisen sind wir sofort nachgegangen. Es hat sich gelohnt. Wir haben herausgefunden, dass …
- Ihre Informationen waren für uns sehr effektiv. Sie haben bewirkt, dass …
- Wir können Ihren Ärger verstehen, wir sind schon dabei, die Sachlage zu klären.
- Ihre Einstellung können wir verstehen. Nur sollten wir bedenken, dass …
- Wir wissen Ihre offenen Worte zu schätzen und sind dankbar für Ihre Optimierungsvorschläge.
- Ihre Bedenken sind berechtigt.

So antworten Sie auf eine Anfrage:

- Von Herrn Dr. Adolphs haben wir erfahren, dass Sie sich für die Ergebnisse unserer Umfrage xy interessieren.
- Schön, dass Ihnen unser Programm gefällt. Gerne bieten wir an:
- Sie möchten Näheres über xy wissen? Unsere Unterlagen informieren Sie ausführlich darüber.
- Wir freuen uns, dass Sie sich für unsere Highlights interessieren.

Wenn Sie selbst anfragen:

- Der Besuch auf Ihrem Messestand auf der Anuga in Köln lieferte uns viele Informationen zu Ihrem neuen Produkt xy. Gerne erfahren wir noch mehr darüber und freuen uns über ein Gespräch mit Ihrem Außendienstmitarbeiter, Herrn …
- Wir haben über … erfahren, dass Sie schon die ersten Ergebnisse zu … liefern können. Daran sind wir sehr interessiert.
- Sie wurden uns von Herrn Helm empfohlen.

- Wir sind sehr interessiert an …. und freuen uns über ergänzendes Informationsmaterial.
- Ihre Auswahl an … hat uns sehr beeindruckt. Wir wünschen uns noch mehr Informationen zu Produkt xy und bitten Sie um Ihren Katalog.

Wenn Sie den Leser erinnern wollen:

- Wann können wir mit der Bezahlung rechnen, Herr Schulze?
- In der Hektik des Alltags geht schon mal etwas verloren. Haben Sie die Rechnung vom 8. August schon überwiesen?
- Waren Sie zufrieden mit unserem neuen Produkt? Wenn ja, freuen wir uns über Ihre Überweisung der Rechnung vom 9. Oktober.

So stellen Sie eine persönliche Beziehung her und zeigen Wertschätzung:

- Unsere gestrige Diskussion hat mir wieder einmal gezeigt, wie gut wir zusammenarbeiten. Wir wünschen uns, dass wir auch in Zukunft ein so gutes Team bleiben, in dem Offenheit an erster Stelle steht.
- Sind Sie im Schneechaos gestern gesund nach Hause gekommen?
- Versprochen ist versprochen! Wie telefonisch vereinbart, erhalten Sie heute …

Der Hauptteil: Die AIDA-Formel

Es ist die Formel für den korrekten inhaltlichen Aufbau. Nicht nur in Werbebriefen sondern in jedem Schreiben – besonders auch in Bewerbungen oder Einladungen – sollten Sie sie beherzigen:

A – Attention (Aufmerksamkeit erzielen)
I – Interest (Interesse erzeugen)
D – Desire (einen Wunsch wecken, zum Beispiel etwas zu kaufen oder zu einer Veranstaltung zu kommen)
A – Action (zum Handeln auffordern, zum Beispiel sofort die Antwortkarte auszufüllen, sich zum Event anzumelden …)

Wie erreichen Sie Aufmerksamkeit?

- mit der Gestaltung Ihres Schreibens – die Optik und der erste Eindruck entscheiden (besondere Schriftart)
- mit dem Betreff als Spannungserzeuger
- bei E-Mails: ebenfalls mit aussagekräftigem Betreff

Interesse erzeugen Sie mit der Einleitung – der gewinnende Einstieg ist das A und O. Sie machen den Leser neugierig.

Den **Wunsch,** zum Beispiel etwas zu kaufen oder einer Einladung zu folgen, wecken Sie mit einer einleuchtenden Argumentation. Mit Speck fängt man Mäuse! Nehmen Sie bei der Vorbereitung des Schreibens die Checkliste auf Seite 42 zu Hilfe. Stellen Sie sich auf die Bedürfnisse des Lesers ein.

Zur **Handlung** fordern Sie den Leser auf, indem Sie den Schluss so formulieren, dass er als Appell wirkt. *Zum Beispiel: Wann rufen Sie uns an?/Wenn Sie auch von unserem Angebot profitieren wollen, besuchen Sie uns auf dem Messestand Nr. …"*

Übersichtlichkeit ist Trumpf – Der S-Blick

Interessante Studien zur Erfassung eines Schreibens durch das menschliche Auge zeigen, dass nur etwa zehn Punkte fixiert werden. Diese bilden die so genannte S-Kurve.

Die beginnt beim Briefkopf oben rechts. Der Leser sucht zuerst die Information: Wer schreibt mir? Der Blick geht sofort zum Infoblock. Danach wandert der Blick zum Betreff. Um was geht es? Interessiert mich das? Danach schweift der Blick zum Briefanfang und der Inhalt wird recht schnell erfasst und überflogen. Am Schluss werden Unterschrift und PS fixiert.

Diese S-Kurve zeigt, wie wichtig die fixierten Punkte sind. Die Verweilzeit dauert nur etwa zwei Sekunden. In dieser Zeit entscheidet der Leser, ob das Schreiben für ihn interessant ist oder nicht.

Checkliste: Aufbau und Gliederung

Beginnen Sie mit jedem neuen Gedanken einen neuen Absatz! Ein Absatz sollte nicht mehr als sieben Zeilen umfassen. Er wird unübersichtlich und der Inhalt wird langsamer erfasst.

Der Brieftext sollte immer großzügig auf dem Briefbogen verteilt sein. Handeln Sie nie nach dem Motto: „Alles muss auf eine Seite passen". Achten Sie unbedingt auf die DIN 5008 und die vorgeschriebene Zeilenschaltung!

Wenn Sie auf Floskeln und unnötige Formulierungen verzichten, wird Ihr Schriftstück automatisch kürzer und übersichtlicher.

Anlagen schaffen Übersichtlichkeit. Viele Zusatzinformationen über Material, das der Leser erhält, führen Sie am besten unter „Anlagen" auf. Dann müssen sie im Text nicht erwähnt werden. Solche Aufzählungen machen den Text schnell langatmig und unübersichtlich. Faustregel: Bei mehr als zwei Textseiten ist das Leserinteresse sehr schnell erschöpft und er sehnt beim Lesen das Ende des Schreibens herbei.

Fügen Sie immer die Seitenzahl ein und schaffen Sie Transparenz, indem Sie informieren, wie viele Seiten noch folgen: (zum Beispiel Seite 1 von 2).

Gliedern Sie Ihren Text in **Einleitung, Hauptteil und Schluss.** Optimal ist es, wenn einer kurzen, informativen und interessanten Einleitung der Hauptteil folgt. Der Brieftext mit der Einleitung folgt der Anrede nach einer Leerzeile. Absätze werden nach DIN 5008 immer durch eine Leerzeile getrennt! Der Hauptteil sollte den größten Anteil haben. Vermeiden Sie also langatmige Einleitungen.

Das Ende: Der letzte Eindruck bleibt haften!

Tipp

Ein einprägsamer Schluss ist ein wichtiges Steuerungsinstrument!

Gestalten Sie den Schluss des Schriftstücks so, dass ein gutes Gefühl beim Leser bleibt. Er soll den Brief oder die E-Mail in guter Erinnerung behalten. Formulieren Sie kurz und prägnant. Seien Sie verbindlich! Vermeiden Sie unbedingt negative Formulierungen *(zum Beispiel: „Wir bedauern sehr, dass wir Ihr Angebot nicht annehmen können“)*. Verzichten Sie auf Floskeln und Korrespondenzfossilien: *„Selbstverständlich stehen wir Ihnen jederzeit zur Verfügung“. Besser: „Haben Sie noch Fragen? Ihre Ansprechpartnerin ist Frau Kirsten Häffner (Durchwahl: 773). Sie ist erreichbar von ....“*

Im Schluss des Schriftstücks sollten Sie noch einmal eine gute Beziehung zum Leser herstellen, formulieren Sie gewinnend!

Fassen Sie im Schlussteil das Gesagte zusammen und zeigen Sie auf, wie die nächsten Schritte aussehen. So führen Sie sich ganz klar Ihr Ziel vor Augen und machen sich klar, wer was dafür zu tun hat.

Sie können mit dem Schluss den Leser schon ganz bewusst in die Richtung steuern, in die Sie ihn haben möchten.

Bieten Sie zum Beispiel einen Termin an, sollten Sie die Zeiten nennen, in der Sie am besten erreichbar sind.

Einige Beispiele:

- Wir freuen uns auf Ihren Anruf am Montag.
- Haben Sie in KW 45 Zeit für einen Besuch in unserem Werk in Salzgitter?
- Schon heute vielen Dank für Ihre Unterstützung/Ihren Einsatz.
- Geben Sie uns bald Bescheid? Besten Dank für eine schnelle Antwort.
- Wir freuen uns auf das Treffen am 20. Mai.
- Wir sind überzeugt, dass wir bei unserem Treffen nächste Woche zu einer Lösung kommen.
- Rufen Sie mich am Freitag Nachmittag an? Ich freue mich auf unseren Kontakt.
- Über eine schnelle Lösung freuen wir uns.

Tipp

Sagen Sie klipp und klar, was Sie wollen und steuern Sie so effektiv Ihre Geschäftsbeziehung!

Wollen Sie erreichen, dass sich der Empfänger Ihrer Nachricht bei Ihnen meldet, machen Sie dies unmissverständlich klar. Durch eine Floskel wie *zum Beispiel: „Wenn Sie Fragen haben, zögern Sie nicht, mich anzurufen“*, ist der Leser nicht direkt aufgefordert, sich bei Ihnen zu melden.

Besser ist, eine direkte Einladung für die Kontaktaufnahmen auszusprechen: *„Mein Vorschlag ist, dass Sie mich am 18. August besuchen. Passt dieser Termin in Ihren Kalender?"*

Machen Sie es dem Empfänger so leicht wie möglich, Sie zu kontaktieren. Das heißt bei einer E-Mail, dass die Signatur alle Informationen enthält, die der Leser braucht (siehe auch Kapitel 11, Seite 81). Informieren Sie ihn, wann Sie am besten erreichbar sind: *„Sie erreichen mich am besten morgen zwischen 10 und 11 Uhr. Meine Durchwahl ist ... Ich freue mich auf Ihren Anruf".*

Beispiele für gelungene Schlussformulierungen:

- *Wir freuen uns auf ein persönliches Treffen.*
- *Schon heute sind wir gespannt auf ein interessantes Gespräch mit Ihnen.*
- *Rufen Sie uns an, wenn Sie Fragen haben. Sie erreichen uns von Montag bis Freitag zwischen 9 und 18 Uhr unter der Telefonnummer ...*
- *Mit Spannung erwarten wir Ihre Antwort.*
- *An Ihrer Meinung sind wir sehr interessiert.*

Tipp

Sage was du willst und du bekommst es!

Sprechen Sie im Briefabschluss offen über Ihre Ziele:

- *Wir möchten Sie von unserem Produkt xy überzeugen. Deshalb laden wir sie auf unseren Messestand ein.*
- *Wenn Sie bis zum 15. August bestellen, erhalten Sie einen Nachlass von 15 Prozent.*
- *Unser Ziel ist eine für beide Seiten Gewinn bringende Zusammenarbeit.*
- *Wir sind überzeugt, dass wir starke Partner werden können.*

Bieten Sie Dienstbereitschaft an:

- *Sprechen Sie offen mit uns über Ihre Wünsche. Wir sind überzeugt, dass wir Ihnen helfen können.*
- *Sie können sich immer auf unsere Unterstützung verlassen. Das ist unser Verständnis von ehrlicher Partnerschaft.*

Eine Frage als Abschluss wirkt wie ein Appell:

- *Gefällt Ihnen unser Angebot?*
- *Sie haben noch Fragen? Rufen Sie uns an!*
- *Sind Sie mit unserem Vorschlag einverstanden? Darüber freut sich ...*
- *Wie denken Sie darüber?*
- *Passt Ihnen dieser Termin? Ist dieser Termin für Sie günstig?*
- *Haben Sie eine andere Empfehlung?*
- *Können wir mit Ihrer Überweisung bis zum 5. Mai rechnen?*
- *Wann können wir uns darüber unterhalten?*
- *Haben Sie damit Erfahrung?*
- *Wie sind Ihre Vorschläge zu diesem Thema?*
- *Wann nennen Sie uns Ihre Terminvorschläge?*
- *Geben Sie uns bald Bescheid?/Informieren Sie uns bald?*

- *Wann können wir über die Details sprechen?*

Auch eine persönliche Note wirkt sympathisch:

- *Viel Vergnügen beim Studieren der Unterlagen!*
- *Für Ihr Verständnis danken wir Ihnen.*
- *Ich wünsche Ihnen eine erfolgreiche Woche.*

Bieten Sie Hilfe an:

- *Wollen Sie mehr über unser Produkt wissen? Füllen Sie einfach die Antwortkarte aus. Unser Außendienstmitarbeiter besucht Sie so bald wie möglich.*
- *Können wir noch etwas für Sie tun? Rufen Sie uns einfach an! Wir sind für Sie da.*
- *Wir hoffen, die Unterlagen helfen bei Ihrer Entscheidung.*

Anlagen: Wenn Sie informieren möchten:

Formulierungsvorschläge:

- *Versprochen ist versprochen. Sofort nach unserem Telefonat habe ich die Unterlagen für Sie zusammengestellt.*
- *Sie erhalten heute die neuesten Informationen über ...*
- *Heute erhalten Sie die frisch gedruckten Preislisten ...*
- *Die gewünschten Broschüren erhalten Sie heute zusammen mit Material über ...*
- *Über Ihr Interesse an unseren Produkten freuen wir uns sehr und senden Ihnen gerne den neuen Prospekt.*
- *Sie baten uns um ein Angebot. Wir haben es schnell und für Sie maßgeschneidert erstellt.*

Verabschieden Sie sich von Formulierungen wie:

- *„In der Anlage" finden Sie ...*

Merke

„In der Anlage" gibt es nicht – in der Anlage küsste er das Mädchen!

Checkliste für kaufmännischen Schriftverkehr:

Anfrage

Beschreiben Sie:
- die Situation
- das gewünschte Produkt
- die gewünschte Dienstleistung

Geben Sie vor:
- die Situation
- das gewünschte Produkt/die angeforderte Dienstleistung
- den gewünschten Termin
- an wen das Angebot zu richten ist
- den Preisrahmen
- den Liefertermin
- eventuell Garantien, Konventionalstrafen, Gewährleistungen, andere Konditionen

Fragen Sie nach:
- allen erhältlichen und relevanten Informationen über das Unternehmen

Eventuelle Anlagen:
- Zeichnungen, Prospekte oder Beschreibungen

Angebot

Beschreiben Sie:
- das Produkt/die Dienstleistung im Detail
- den Preis (mit oder ohne MwSt.)
- welche Preisbindungen (freibleibend) bestehen
- Rabatte
- Skonto
- den festen Liefertermin
- Lieferkonditionen (frei Haus etc.)
- Zahlungsbedingungen
- einen Hinweis auf Eigentumsvorbehalt

Achten Sie auf:
- eine Frist für die Gültigkeit des Angebots

Eventuelle Anlagen:
- Zeichnungen, Prospekte und Ihre allgemeinen Lieferbedingungen

6. Psychologie im Schriftverkehr

Positive Formulierungen erzeugen positive Gedanken!

Positiv formulieren heißt die Devise! Vermeiden Sie Wörter, die negativ besetzt sind und beim Leser ungute Gefühle auslösen:

- müssen
- leider
- aber
- erst
- nie
- nur
- nicht
- unmöglich
- nein

Übung 3: Formulieren Sie positiv

1. Da haben Sie mich falsch verstanden.

____

____

2. Leider müssen wir Ihnen mitteilen, dass wir Ihre Bewerbung nicht berücksichtigen können.

____

____

____

____

3. Das Glas ist halb leer.

____

____

4. Es kommen keine Kosten auf Sie zu.

____

____

5. Unsere Filiale ist nachmittags geschlossen.

____

____

6. Leider können wir Ihnen diese Artikelnummer nicht mehr anbieten. Es gibt auch keine passenden Ersatzteile mehr im Lieferprogramm.

____

____

____

____

(Die Lösung finden Sie auf Seite 117.)

Beispiele für positive Formulierungen:

Negativ formuliert	Positiv formuliert
Tricks	Vorschläge, Anregungen
Einwand	Frage, Diskussionsbeitrag
nicht gestattet	Nur mit Erlaubnis von
Fehler, Schwäche	Verbesserungs-potenzial
nicht geschafft	noch zu erledigen
belehren	Erfahrung weiter-geben
ab Euro 60	schon für 60 Euro
Die Ware muss verkauft werden.	Die Ware ist im Angebot.
Das haben Sie ganz falsch verstan-den.	Wie kommen Sie zu dieser Annahme?
Das glaube ich nicht.	Das überrascht mich.
Reklame, Propa-ganda	Verbrauchertipp
Wir haben lange Lieferzeiten.	Das Produkt ist ausverkauft, denn es war der Renner der Saison.
Konkurrenz	Wettbewerb
Wir fürchten …	Wir hoffen …
schlecht	bietet Verbesse-rungspotenzial
Das Produkt muss verkauft werden	Das Produkt ist im Angebot.

Abbildung 4: Negativ versus positiv formuliert

Negative Assoziationen sind tabu!

Es gibt Wörter, die bei uns auf den ersten Blick und auch beim ersten Hinhören negativ besetzt sind:

- Kosten
- unterlassen
- Nachteil
- Reklamation
- Sorgen
- Verpflichtung
- Beschwerde
- Ärger
- Problem
- schwierig
- schlecht

Positive Assoziationen erreichen Sie mit folgenden Ausdrücken:

- Vertrauen
- Vorsprung
- Vorteil
- Herausforderung
- Neuheit
- Engagement
- Gewinn
- Nutzen
- Garantie
- Freude
- Impuls
- Idee
- Initiative
- sofort
- profitieren

Sie-Stil statt Wir-Stil

Empfängerorientierung und Wertschätzung drücken sich auch darin aus, dass Sie den Sie-Stil verwenden. Achten Sie darauf, dass sich Ihr Korrespondenzpartner so oft wie möglich persönlich angesprochen fühlt! Stellen Sie den Leser stets in den Mittelpunkt!

Statt: „Wir senden Ihnen heute Unterlagen über unser neues Einbausystem xy."
Besser: „Sie erhalten heute unsere Unterlagen über ..."

Statt: „Wir eröffnen am 1. Mai unsere neue Geschäftsstelle"
Besser: „Ab 1. Mai können Sie in unseren neuen Geschäftsräumen ....

Übung 4: Formulieren Sie im Sie-Stil
(Die Lösung finden Sie auf Seite 117.)

1. Wir gewähren Ihnen einen Rabatt von 10 Prozent.

____

____

2. Wir schicken Ihnen als Anlage unser neuestes Konzept.

____

____

3. Wir bieten Ihnen eine Garantiezeit von 3 Jahren.

____

____

Setzen Sie auf Verben!

Ihr Schreiben wirkt lebendiger und der Stil flüssiger, wenn Sie mehr Verben verwenden. Durch zu viele Substantive wird das Schreiben „schwülstig" und „gestelzt".

Beispiel:
Statt: „Wir bitten Sie um Benachrichtigung, sobald die Überweisung vorgenommen wurde."
Besser: „Bitte informieren Sie uns, sobald Sie den Betrag überwiesen haben."

Vermeiden Sie in erster Linie Wörter mit -ung, -heit und -keit:

Statt: „In Beantwortung Ihrer Frage vom letzten Dienstag teilen wir Ihnen mit, dass ..."
Besser: „Heute beantworten wir Ihre Frage vom letzten Dienstag: ..."

Wie sagte einst Friedrich Nietzsche?

Den Stil verbessern, das heißt, den Gedanken verbessern und nichts weiter!

Leider wird der Sprachstil oft vernachlässigt – schade! Die Zeit, die Sie in einen ansprechenden Stil investieren, zahlt sich auf jeden Fall aus. Ihr Stil bewirkt beim Leser ganz bestimmte Reaktionen, er fühlt sich gewertschätzt und respektiert, nicht ernst genommen oder angegriffen. Stil und Sprache sagen sehr viel über Ihre eigene Persönlichkeit aus!

Wie fühlt sich wohl der Leser bei folgenden Formulierungen?

- Da ist Ihnen ein Fehler unterlaufen.
- Sie haben uns zu spät angerufen.
- Sie hätten uns früher informieren müssen.
- Sie haben sich verrechnet.

> Vermeiden Sie Spannungserzeuger! Ich-Botschaften wirken einfühlsamer!

- Gemeinsam mit Ihnen korrigieren wir den Fehler.
- Ihren Anruf erhielten wir erst am 14. August.
- Wir brauchten Ihre Information bis zum 15. Mai.
- Hier liegt ein Rechenfehler vor.

Adjektive erzeugen Assoziationen!

Unsere rechte Gehirnhälfte ist für die Bildung von Visionen und Bildern zuständig. Setzen Sie sprachliche Mittel ein, die unsere rechte Gehirnhälfte ansprechen. Vor allem Adjektive sind geeignet, die Sinne und die Fantasie des Lesers anzuregen. Verwenden Sie keine Wörter, deren Bedeutung zu allgemein ist und die dem Leser überall begegnen, zum Beispiel: „günstig“. Nutzen Sie ein Synonymwörterbuch. Dort finden Sie ein reiches Angebot bedeutungsähnlicher Wörter. Hier einige Beispiele für Adjektive, die auffallen und eine Wirkung hinterlassen:

brandheiß, wertvoll, geheimnisvoll, außergewöhnlich, reizvoll, einzigartig, träumerisch, konsequent, glaubwürdig, vertrauensvoll, überraschend, …

Fremdwörter & Co.

Vermeiden Sie unbedingt zu viele **Fremdwörter**. Sie könnten damit Ihren Leser überfordern, da Sie nicht immer seinen Wissensstand kennen. So werden Sie ihn kaum für sich gewinnen. Hier gilt das Motto: Weniger ist mehr! Verfahren Sie genauso mit **Fachbegriffen**. Versetzen Sie sich in den Leser und wägen Sie stets ab, was Sie ihm an Fachtermini zumuten können. Geben Sie an mancher Stelle Hilfestellung, indem Sie Fachbegriffe in Klammern erläutern.

Verzichten Sie in offiziellen Briefen unbedingt auf **Übertreibungen** wie „super, toll, sensationell, klasse“. Sie nehmen damit Ihrem Schreiben die Seriosität.

Abkürzungen beeinträchtigen den Lesefluss. Suchen Sie nach Alternativen. Hier einige Vorschläge:

d. h. = das bedeutet
bzw. = oder
o. g. = ersatzlos streichen, die Erwähnung im Betreff reicht – zum Beispiel: O.g. Artikel erhalten Sie ,
besser: Ihre Ware erhalten Sie….
etc. = und andere

7. Grammatikfallen

Aktiv statt Passiv

Aktive Formulierungen wirken lebendiger. Der Passiv-Stil kann einem Brief einen unpersönlichen Charakter verleihen. Die Sätze wirken dann „bürokratisch":

Statt: „Im Sommer werden Sie über unser neues Programm informiert."
Besser: „Im Sommer erhalten Sie Informationen zu unserem neuen Programm."
oder: „Wir informieren Sie im Sommer über unser neues Programm."

Statt: „Das Problem wird gelöst werden."
Besser: „Wir arbeiten an einer Lösung."

Statt: „Ihre neue Couch wird garantiert bis Ende Mai geliefert."
besser: „Wir liefern die neue Couch garantiert bis Ende Mai."
oder: „Sie erhalten Ihre neue Couch garantiert bis Ende Mai."

Präsens statt Futur!

Im Futur wirken Ihre Aussagen nicht überzeugend. Beim Leser bleibt eher ein unsicheres Gefühl.

> **Merke**
> Schreiben Sie auch dann im Präsens, wenn Sie einen Vorgang in der Zukunft schildern.

Beispiel:

„Wir werden unseren Lieferanten nächste Woche anrufen."
Besser: „Wir rufen unseren Lieferanten nächste Woche an."

Statt: „Sobald die neue Preisliste vorliegt, werden wir Ihnen sofort ein Exemplar zusenden."
Besser: „Sobald die neue Preisliste vorliegt, erhalten Sie sofort ein Exemplar."

Schachtelsätze adé!

Sicher kennen Sie Briefe mit ellenlangen Schachtelsätzen, bei denen Sie sich am Ende eines Absatzes nicht mehr erinnern können, wie die Einleitung des Absatzes lautete. Der Leser ist verärgert, wenn er sich durch lange und umständliche Formulierungen quälen muss.

Formulieren Sie kurz und prägnant mit Sätzen, die maximal 15 bis 20 Wörter enthalten.

Vermeiden Sie modifizierte Verben

Was verstehen Sie unter modifizierten Verben? Dies sind Verben wie „möchte, würde, könnte, sollte, hoffe". Dadurch wird die Aussage modifiziert, das heißt, die Wirkung abgeschwächt:

- Wir würden Sie gerne nach Mannheim einladen.
- Wir erlauben uns Sie nächste Woche nochmals zu kontaktieren.
- Wir können uns eine Zusammenarbeit auf folgenden Gebieten vorstellen:
- Wir möchten Ihnen hiermit gerne folgendes Angebot unterbreiten.
- Wir sollten hier gemeinsam zu einer Lösung kommen.
- Wir könnten für Sie die Kosten für Übernachtung übernehmen. Wir möchten Sie davon in Kenntnis setzen, dass die Zeitschrift zweimal im Monat erscheint.

Es handelt sich um Konjunktive, die die Aussage unsicher und ungewiss klingen lassen. Sie wirken dem Prinzip der überzeugenden Geschäftskorrespondenz entgegen. Sie erreichen damit kein selbstbewusstes und partnerschaftliches Auftreten.

Formulieren Sie besser so:

- Gerne laden wir Sie nach Mannheim ein.
- Wir rufen Sie dazu in der nächsten Woche an.
- Wir stellen uns eine Zusammenarbeit auf folgenden Gebieten vor:
- Wir bieten Ihnen an:
- Gemeinsam finden wir sicher eine Lösung.
- Gerne übernehmen wir für Sie die Hotelkosten in…
- Unsere Zeitschrift erscheint zweimal im Monat.

Tipp

Machen Sie den Gebrauch von modifizierten Verben immer vom Grad der Sicherheit abhängig, die Sie mit Ihrer Aussage zugrunde legen wollen.

Checkliste

- Verzichten Sie auf modifizierte Verben, wenn Sie Sicherheit und Selbstbewusstsein ausstrahlen wollen.
- Verwenden Sie „sollte“ zu Beginn eines Satzes nur, wenn Sie eine Aufforderung verstärken wollen.
- Gehen Sie besonders achtsam mit den Formen „möchte“ und „würde“ um. So klingt Ihre Aussage wie eine Möglichkeit.
- Streichen Sie Fossilien wie „erlauben“ und „dürfen“ aus Ihrem Repertoire.

8. Interner Schriftverkehr

Kundenorientierung beginnt im eigenen Unternehmen. Kunden können Vorgesetzte, Gleichgesinnte und Kollegen aller Hierarchieebenen sein. Ihre eigene interne Korrespondenz prägt entscheidend Ihr Image. Sicher kennen Sie Aussagen wie: *„Das kann nur Frau Hepp geschrieben haben, das ist ihr Stil". Oder: „Am besten lassen wir das Herrn Meier schreiben, der findet immer kreative Formulierungen".*

So kann Ihr Stil zum Marketing in eigener Sache werden. Sie zeigen damit, dass Sie über einen umfangreichen Wortschatz verfügen, sich in Ihrer Fachsprache auskennen, spannend formulieren oder Ihre Anweisungen freundlich, aber bestimmt rüberbringen können.

Sitzen Sie an einer Stelle im Unternehmen, an der Sie andere ständig schriftlich informieren, kreieren Sie Stimmungen und prägen die Atmosphäre. Ihre Aktennotizen, Rundschreiben, Bekanntmachungen oder Reiseberichte werden entweder gerne gelesen oder gleich zur Seite gelegt, da sie unverständlich und langatmig formuliert sind. Sie drücken mit einem ansprechenden Sprachstil Ihre Wertschätzung gegenüber den Empfängern, in diesem Fall Ihren Kollegen aus. Besonders bei unangenehmen Mitteilungen, die schriftlich zu formulieren sind, zeigt sich Ihr Einfühlungsvermögen und Ihr sprachliches Können.

Merke

Ihre interne Korrespondenz ist Ihre Visitenkarte im Unternehmen!

Professionelle Protokolle steigern Ihre Meetingeffizienz!

Nach wichtigen Besprechungen sollte immer ein Protokoll erstellt werden, um die Ergebnisse der entscheidenden Besprechungspunkte festzuhalten. Das Protokoll ist die schriftliche Dokumentation des Meetings und dient als „Nachschlagewerk" und Informationsquelle für alle Beteiligten. Es ist ein wichtiges Dokument, das im Zweifelsfall als Beweismittel dient.

Gute Protokolle zeichnen sich aus durch:

- übersichtliche Struktur
- Beschränkung auf das Wesentliche
- sachlich richtige und präzise Wiedergabe des Inhalts
- objekte Darstellung
- angemessener Umfang
- knappe und eindeutige Formulierungen
- übersichtliche Auflistung aller Aufgaben, die zu erledigen sind mit Nennung der Verantwortlichen

Das Verfassen eines Protokolls erfordert Fingerspitzengefühl, denn oft müssen persönlich gefärbte Aussagen von Besprechungsteilnehmern sachlich und präzise wiedergegeben werden, ohne die eigene Sicht der Dinge mit einfließen zu lassen.

Starten Sie als Protokollführer gut vorbereitet und informieren Sie sich rechtzeitig über die Tagesordnung. Sie sollten sowohl grammatikalisch sicher sein, Stilgefühl besitzen, sattelfest in der deutschen Sprache sein und zwischen Wichtigem und Unwichtigem unterscheiden können, also den Blick für das Wesentliche haben!

Protokollarten

Das wörtliche Protokoll

Dabei wird der gesamte Verlauf des Meetings inklusive aller Einwände und Diskussionsbeiträge wörtlich wiedergegeben. Diese Art von Protokoll ist im Unternehmensalltag sehr selten, es wird fast nur noch in Parlamentssitzungen oder vor Gericht eingesetzt. Der Nachteil ist, dass es sehr zeitaufwändig ist und leicht unübersichtlich wird. Die Lesezeit und Erfassung der wichtigsten Punkte dauert sehr lange. Vorteil: Es hat eine hohe Beweiskraft durch vollständige Wiedergabe aller Besprechungsinhalte. Meist werden diese Protokolle selten gelesen.

Verlaufsprotokoll

Wie der Name schon sagt, gibt es den Besprechungsablauf nicht wörtlich, doch sehr ausführlich wieder.

Kurzprotokoll

Eine sehr beliebte Protokollart, die knapp, aber präzise die wichtigsten Beschlüsse wiedergibt und erläutert, wie es dazu gekommen ist.

Das Ergebnisprotokoll

Das Ergebnisprotokoll ist die Konzentration auf das Wesentliche: Es hält nur die Ergebnisse und Beschlüsse fest, beinhaltet jedoch nicht den Verlauf, wie sie erreicht wurden. Vorteil: Es kann sehr schnell erstellt werden, ist übersichtlich und kostet den Leser wenig Zeit.

In immer mehr Unternehmen wird das **Ergebnisprotokoll als Simultanprotokoll** praktiziert. Das bedeutet, dass der Protokollführer die Beschlüsse zu den einzelnen Besprechungspunkten während der Sitzung im Laptop aufnimmt und alle Teilnehmer gleichzeitig per Beamer das ausgefüllte Protokollformular an der Wand sehen. Das hat den Vorteil, dass Änderungen oder die Zustimmung zu einzelnen Punkten sofort erfolgen können. Es dient ebenfalls als zeitliches Steuerungsinstrument, denn wenn zum Beispiel nach einer Stunde erst der Beschluss zum ersten Besprechungspunkt der Agenda im Protokoll festgehalten ist, ist es für alle ein sicheres Zeichen, dass die nächsten Punkte effizienter abgehandelt werden müssen, damit die Besprechungszeit nicht ausufert. Bei handschriftlichen Notizen sollten Sie für jeden Tagesordnungspunkt ein neues Blatt beginnen und die Seiten nummerieren. Das erleichtert Ihnen die Übersicht und ermöglicht Ergänzungen.

Tipp

Wenn es eine Sitzordnung gibt, können Sie die Personen durchnummerieren und sich so das Schreiben der Namen ersparen.

Protokollbestandteile

Der Protokollkopf enthält folgende Informationen:

- Ziel der Besprechung
- Thema der Besprechung
- Besprechungsort
- Datum
- Beginn und Ende mit Uhrzeit
- Name des Veranstalters
- Teilnehmer
- Verteiler
- Überschrift

Die **Überschrift** sollte das Wort „Protokoll“ enthalten und Auskunft über die Protokollart geben: *Zum Beispiel „Simultanprotokoll der 1. Hannover Messe Sitzung im Plenum“*. Bei einer Besprechungsserie sollten die Protokolle fortlaufend nummeriert werden.

Das Ziel der Besprechung ist nicht identisch mit dem Thema. Ziel einer Sitzung kann zum Beispiel sein, alle Entscheidungen zu erreichen, die im Beisein und mit Genehmigung der Geschäftsleitung getroffen werden müssen. Das Thema bei dieser Sitzung ist jedoch: erste Besprechung der Hannover Messe 2007. Sind mehrere Punkte zu besprechen, wird vorher die Tagesordnung mit der Reihenfolge der einzelnen Punkte festgelegt. Die Tagesordnung gibt auch darüber Auskunft, wer über welche Punkte wie lange berichtet und welche Unterlagen dazu benötigt werden.

Tagesordnung für die erste Messebesprechung

Thema:	Vorbereitung der Hannover Messe Industrie 2007
Ziel der ersten Sitzung:	Alle Entscheidungen fällen, die von der Geschäftsleitung genehmigt werden – unsere „Marschroute“ festlegen
Moderator:	Reiner Müller
Simultanprotokoll:	Irmtraud Schmitt

TOPs:

1.	Standplatz „Nachbarn“ Standgestaltung Platzierung der Infotheken Kommunikationsbereich	Herr Schmitt
2.	Aufteilung der Kosten zwischen den Geschäftsfeldern Budgetfestlegung	Herr Dr. Meier
3.	Produktgruppen und Exponateplanung Aktionsexponate geplant?	Herr Kögel
4.	Standleitung und Standpersonal Service/Hostessen/Presse	Frau Gassmann
5.	Beteiligung an Gemeinschaftsständen	Herr George
6.	Foren und Vorträge	Herr George
7.	Firmenabend Band/Bewirtung/Budget	Frau Schmitt
8.	Werbung Banner Anzeigen	Herr Münz
9.	Werbegeschenke	Frau Kern
10.	Mailing	Frau Kern
11.	Gewinnspiel	Frau Schmitt
12.	Hotel	Frau Schmitt
13.	Sonstiges und nächster Termin	alle

Abbildung 5: Beispiel Tagesordnung für die erste Messebesprechung

Die Teilnehmer sollten Sie mit Vor- und Zunamen auflisten und zwar in folgender Reihenfolge: Vorsitzender, Teilnehmer (entweder nach Abteilungen oder nach Alphabet oder Rangfolge) und zum Schluss der Protokollführer. Teilnehmer, die nur zeitweise dabei sind, müssen gesondert aufgeführt werden. Erwähnen Sie auch die Teilnehmer, die eingeladen, jedoch nicht anwesend waren. Dazu gehört auch der Vermerk, ob sie entschuldigt oder nicht entschuldigt gefehlt haben.

Protokollhauptteil

- Schaffen Sie klare Struktur durch übersichtliche Absätze.
- Kennzeichnen Sie die einzelnen Tagesordnungspunkte als Überschriften.
- Gliedern Sie innerhalb der Tagesordnungspunkte nach sachlichen Aspekten.
- Halten Sie die Reihenfolge der Besprechungspunkte in der Tagesordnung ein. Wird ein Punkt später im Meeting noch einmal erwähnt, gehört diese Information zum früher notierten Punkt.
- Jeder Gedanke bedeutet einen neuen Absatz!
- Markieren Sie wichtige Beschlüsse.
- Erwähnen Sie bei entscheidenden Aussagen die Namen der entsprechenden Teilnehmer.

Wichtig für die sprachliche Gestaltung:

- Verzichten Sie auf Fremdwörter, benutzen Sie nur Fachtermini, die allen Teilnehmern geläufig sind.
- Formulieren Sie kurz und verständlich.
- Beachten Sie den Verbal-Stil!
- Vermeiden Sie Übertreibungen.
- Achten Sie auf abwechslungsreiche und kreative Formulierungen: *zum Beispiel: „Herr Meier sagte/erwähnte/stellte zur Diskussion/wandte ein/stellte fest/erläuterte/erklärte/warf ein/gab zu bedenken/machte darauf aufmerksam ...“*

Merke

Formulieren Sie im ausführlichen Protokoll, im Kurz- und Ergebnisprotokoll stets im Präsens! Nur Vorgänge, die zurzeit der Besprechung schon abgeschlossen waren, werden auch in der Vergangenheitsform notiert.

Protokollschluss

Wichtige Elemente:

- Datum der Anfertigung.
- Unterschrift des Protokollführers mit maschinenschriftlicher Wiederholung des Namens.
- Ort, Tag und Uhrzeit der nächsten Sitzung, wenn schon festgelegt.
- Verteilerangaben mit Namen aller Personen, die das Protokoll erhalten. Die Teilnehmer müssen im Verteiler nicht noch einmal einzeln aufgeführt werden, es genügt der Vermerk „Teilnehmer“.
- Gibt es Teilnehmer, die nur einige Punkte des Protokolls zur Information erhalten, ist dies entsprechend zu vermerken.

Verfassen Sie das Protokoll am besten so bald wie möglich, denn dann sind Ihnen die Beiträge noch präsent. Außerdem sollten die Teilnehmer der Besprechung möglichst schnell eine schriftliche Dokumentation auf dem Schreibtisch haben.

Achten Sie darauf, dass der Inhalt auch für Dritte, die nicht an der Sitzung teilgenommen haben, klar verständlich ist.

Praxishilfen für Ihren Arbeitsplatz

Formular Ergebnisprotokoll

Ein zeitgemäßes und sehr effizientes Mittel der Besprechungsdokumentation ist heute in vielen Unternehmen die To-do-Liste. Sie erfüllt die Funktion eines Ergebnisprotokolls und bietet einen genauen Überblick, wer was bis wann zu erledigen hat. Eine To-do-Liste stellt die professionelle und effektive Nachbereitung einer Sitzung sicher.

<table>
<tr><th colspan="5">To-do-Liste/Ergebnisprotokoll</th></tr>
<tr><td>Datum:</td><td colspan="4">Uhrzeit:</td></tr>
<tr><td>Ort:</td><td colspan="4"></td></tr>
<tr><td>Thema:</td><td colspan="4">Zielsetzung:</td></tr>
<tr><td>Teilnehmer:</td><td colspan="4">Benötigte Unterlagen:</td></tr>
<tr><td>Besprechungspunkte:

1.

2.

3.

4.

5.

sofort zu veranlassen</td><td>Ergebnisse:

1.

2.

3.

4.

5.</td><td>Verantwortlich</td><td>bis wann?</td><td>erledigt</td></tr>
</table>

Abbildung 6: To-do-Liste/Ergebnisprotokoll

Protokoll HMI Nachbesprechung 2006 am 14. Mai 2006 **MÜLLER & Co.** ◁

Teilnehmer: **Verteiler:**			**Datum:** 14.05.2006 **Zeit:** 10:00–12:30 Uhr
Thema	**M/BZ/I**	**Maßnahme/Beschluss/Zusammen-fassung/Info**	**Verantwortlich/ bis wann?**

Abbildung 7: Beispiel Protokoll Nachbesprechung

Besprechungsplan/Checkliste

Dieses Formular können Sie während der Sitzung zur Protokollerstellung verwenden. Es hilft Ihnen als Protokollführer strukturiert zu arbeiten und sich auf die wesentlichen Beschlüsse zu konzentrieren.

Datum:	**Uhrzeit:**
Ort:	
Thema:	**Zielsetzung:**
Teilnehmer:	**Benötigte Unterlagen:**
Besprechungspunkte: **1.** **2.** **3.** **4.** **5.** **sofort zu veranlassen:**	**Beschlüsse/Ergebnisse/Maßnahmen**

Abbildung 8: Besprechungsplan/Checkliste

Datum: 24.05.2007	**Uhrzeit:** 10–12 Uhr			
Ort: Berlin				
Thema: Umzug in die Prinzenstraße	**Zielsetzung:** Mitarbeiter über die Vorteile des neuen Standorts informieren			
Teilnehmer: Herr Mischnik Frau Müller Herr Kögel etc.	**Benötigte Unterlagen:** PowerPoint Präsentation auf dem Marketing Server			
Themen/Maßnahmen	**Wer?**	**Was?**	**Termin**	**erledigt**
Herr Kögel berichtet über den geplanten Umzug in die neuen Räume und zeigt die Pläne. Der Umzug findet im Dezember 2007 statt.	Frau Müller	Festlegen der Arbeitspakete für das Projekt „Umzug“.	bis 15.06.07	
Herr Kögel informiert, warum der Umzug erfolgen muss: Der Mietvertrag für das alte Gebäude läuft Ende des Jahres aus. Das Haus ist mehr als sanierungsbedürftig.	Frau Müller	Erstellen eines Zeitplans und Festlegung der Verantwortlichkeiten	bis 01.07.07	
Mit dem neuen Gebäude ist die Voraussetzung für einen repräsentativen und langfristig gesicherten Arbeitsplatz geschaffen.	Herr Mischnik	Prüfen des neuen Mietvertrages durch einen Anwalt	bis 10.06.07	

Abbildung 9: To-do-Liste/Ergebnisprotokoll (ausgefüllt)

Alternative zum Protokoll: Die Aktennotiz

Sie ist eine Art Kurzprotokoll, beinhaltet nur die Beschlüsse und ist somit wie das Protokoll die Dokumentation der wichtigsten Entscheidungen. Sie dient in einigen Fällen auch dazu, ein wichtiges Gespräch nachvollziehbar zu dokumentieren (zum Beispiel zur Absicherung in Personalangelegenheiten).

Gestaltungselemente:

- Überschrift „Aktennotiz“
- Betreff
- Ort und Dauer der Besprechung
- Teilnehmer
- Kurze und präzise Wiedergabe der wichtigsten Inhalte
- To-do-Liste mit Verantwortlichkeiten
- Unterschrift des Verfassers
- Datum
- Verteiler

Für die Aktennotiz gibt es keine Formvorschrift. Sie können Ihren eigenen Vordruck erstellen. (Das Formular „interne Korrespondenz“ auf Seite 62 können Sie auch als Vorlage für Ihre Aktennotiz verwenden.)

Merke

Die Aktennotiz ist der ideale Gedanken- und Ideenspeicher bei komplexen Vorgängen oder Projekten.

Interne Rundschreiben

Rundschreiben informieren einen größeren Empfängerkreis. Heute werden sie oft als E-Mail verschickt. Wenn Sie mehr Aufmerksamkeit erregen wollen, sollten Sie sich besser für ein Rundschreiben in Papierform entscheiden. Wie die Aktennotiz ist auch das Rundschreiben nicht an eine feste Form gebunden.

Checkliste Rundschreiben

- Was ist Gegenstand des Rundschreibens?
- Wer ist der Autor?
- Wann und warum wurde die Nachricht verfasst?
- Was wurde schon getan?
- Was ist noch zu tun?

Vermeiden Sie Missverständnisse, indem Sie eindeutig und verständlich formulieren. Bei unangenehmen Inhalten sollten Sie Einfühlungsvermögen beweisen, bei allgemeinen Bekanntmachungen dagegen können Sie auf kreative Formulierungen zurückgreifen.

Zusammenfassung

Achten Sie bei jeglichem internen Schriftverkehr unbedingt auf die Corporate Identity Ihres Unternehmens. Verwenden Sie Ihr unternehmensspezifisches Schriftbild und setzen Sie in jedem internen Formular das Logo ein. Formulieren Sie in Ihrer Unternehmenssprache. Sorgen Sie dafür, dass alle Mitarbeiter die gleichen Formulare für interne Korrespondenz verwenden, um das einheitliche Erscheinungsbild zu wahren.

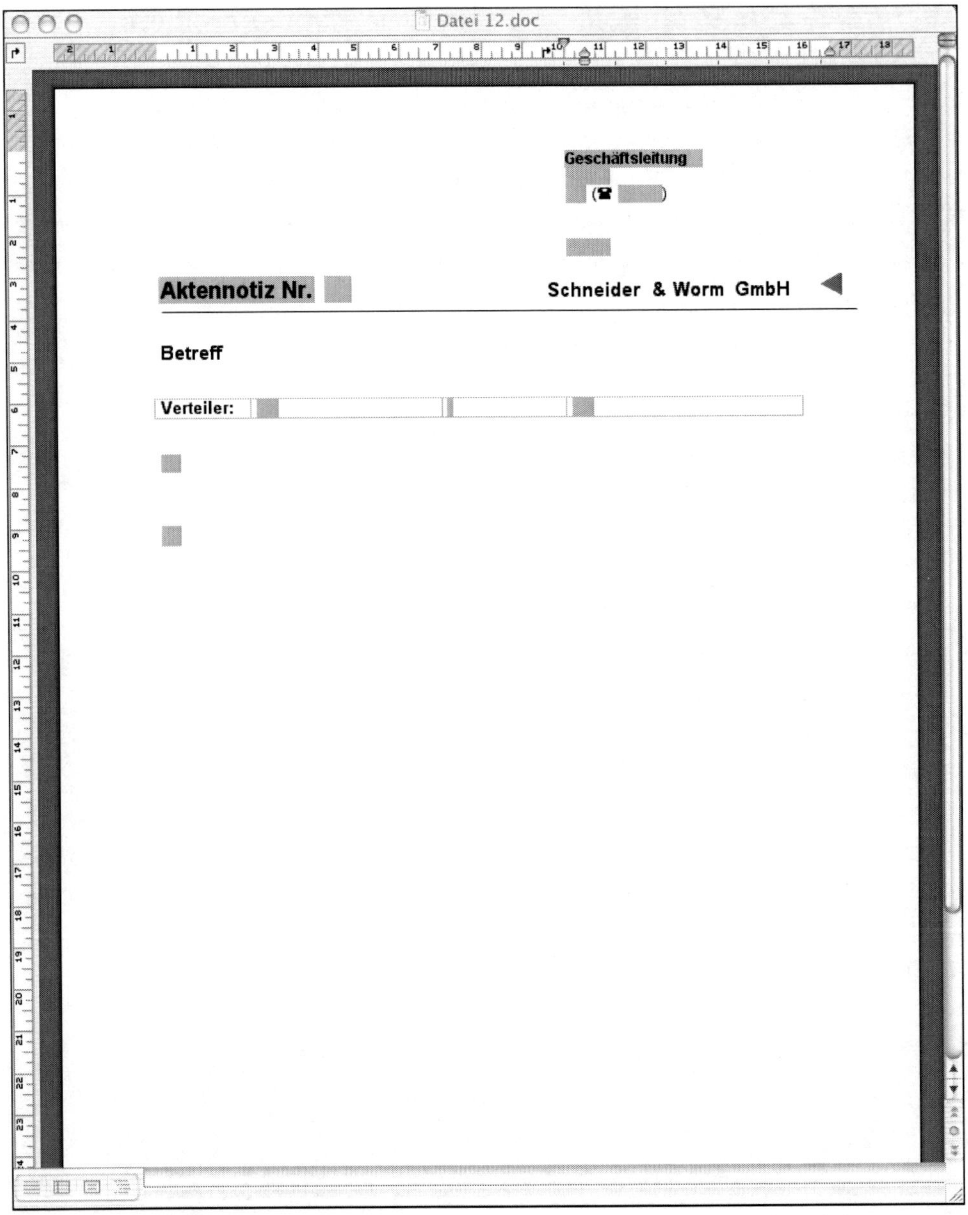

Abbildung 10: Interne Korrespondenz

Wie bei der externen Korrespondenz gilt:

> *Schreibe wie du redest, so schreibst du schön.*
>
> Gotthold Ephraim Lessing

Schneiden Sie „alte Zöpfe“ ab und formulieren Sie zeitgemäß in modernem Stil.

Wer ist Hinrik Walter?

Ein Name, den man sich merken muss. Herr Walter ist der neue Marketingleiter weltweit. Nachdem er in Shanghai erfolgreich unsere Tochtergesellschaft aufgebaut hat, kehrt er nach 5 Jahren am 1. August 2007 wieder nach Mannheim zurück.

Wir danken Herrn Walter, dass er sich mit seinen vielfältigen Erfahrungen mit fremden Kulturen in seiner alten Heimat neuen Herausforderungen stellt. In seiner neuen Position wird er internationale Marketingstrategien entwickeln und die Koordination der Marketing- und Verkaufsaktivitäten weltweit übernehmen.

Bitte unterstützen Sie Herrn Walter besonders in der Einarbeitungsphase. Er ist Ihnen für alle wichtigen Informationen dankbar.

Wir gratulieren ihm zu seiner neuen Aufgabe und werden unser Bestes tun, damit er sich vom ersten Augenblick an bei uns wohl fühlt.

Besten Dank für Ihre Unterstützung!

Die Geschäftsleitung

Mannheim, 30. Juni 2007

Abbildung 11: Beispiel für ein Rundschreiben

Telefonnotiz

Jedes Telefonat mit wichtigen Gesprächsinhalten sollten Sie schriftlich festhalten. Die Telefonnotiz dient zur Information Ihrer Kollegen und zu Ihrer eigenen Dokumentation. Beschränken Sie sich auf die wesentlichen Punkte und formulieren Sie kurz und prägnant. Bedenken Sie immer, was für andere besonders wichtig sein kann (zum Beispiel die Stimmung des Anrufers, wenn ein Rückruf erfolgen soll). Die Telefonnotiz bedarf keiner bestimmten äußerlichen Form. Das Wichtigste sollte auf einen Blick erkennbar sein. Ein Beispiel für ein passendes Formular finden Sie auf der folgenden Seite …

Achten Sie auf die **7 Ws**:

- **W**elcher Vorgang ist gemeint?
- **W**er war dabei?
- **W**ann war das Telefonat?
- **W**as war bis dahin wesentlich?
- **W**as ist schon passiert?
- **W**er hat gesprochen?
- **W**as wird noch getan?

Telefonnotiz

Für ____________ Abteilung ____________

Datum des Anrufs: ____________ Uhrzeit: ____________

Name, Firma, Telefonnummer des Anrufers: ____________

____

____

- meldet sich wieder
- bittet um Rückruf unter Telefonnummer ____________ Zeit ____________
- bestellt „schöne Grüße“

Thema: ____________

Gesprächsinhalt: ____________

____

____

bereits veranlasst: ____________

noch zu veranlassen: ____________

Erledigung bis: ____________

Stimmung des Anrufers: ____________

Mitteilung von/Name: ____________

Abteilung: ____________ Datum: ____________

Verteiler: ____________

Abbildung 12: Telefonnotiz

9. DIN 5008 – Schreiben und gestalten nach Maß

Die DIN 5008 beinhaltet die Schreib- und Gestaltungsregeln für die Textverarbeitung. Die wichtigsten Regeln auf einen Blick:

Wörter

- **Abkürzungen**

– Mit Punkt, wenn man den vollen Wortlaut des ungekürzten Wortes spricht:
z. B., d. J., evtl., bzw., usw.

> **Merke**
> Für die Unterschriften in der Korrespondenz: i. A., i. V. – immer mit Leerzeichen!

– Ohne Punkt, wenn man die Abkürzung buchstäblich oder wie ein Wort spricht:
AG, GmbH, DAX, BGB, OHG, KG

- **Kopplung und Aneinanderreihungen** – Mit dem Mittestrich ohne Leerzeichen:
Theodor-Heuss-Allee, A4-Format, 8-mal, 5-zeilig, 4-Seiten-Notiz

- **Ableitungen** – ohne Mittestrich, denn an die Zahl wird nur ein Suffix angehängt:
1945er, 7fach, 80%ig

- **Wortergänzungen** – mit Mittestrich direkt am Wort (Ergänzungsbindestrich):
Ein- und Ausgang, be- und verarbeiten

- **Auslassungspunkte – immer drei Punkte:** davor und danach ein Leerzeichen; sie schließen den Schlusspunkt mit ein:
Bitte sorgen Sie dafür, dass …

- **Worttrennung am Zeilenende** – durch Mittestrich direkt hinter dem Buchstaben:
Wir verschickten viele Einladungen an un-sere wichtigsten Geschäftspartner.

- **Währungsbezeichnungen** – Können vor oder hinter dem Betrag stehen:
40,00 € oder EUR 40,00 oder € 40,00 oder 40,00 EUR
Im fortlaufenden Text jedoch sollten die Währungsbezeichnungen hinter dem Betrag stehen: Die Rechnung über 40,00 EUR ist schon lange bezahlt.

Schriftzeichen für Wörter

- **Zeichen für „Paragraf" §** nur in Verbindung mit darauffolgenden Zahlen:
Nach § 5 BGB heißt es, …
Aber: Es war nötig, 20 Paragrafen zu ändern.

- **Zeichen für „und" &** – nur in Firmenbezeichnungen:
Müller & Schneider sind bekannt für gute Qualität.

- **Mittestrich für „gegen"**
Der Wettbewerb Rheinland Pfalz – Hessen …

- **Zeichen ./. für „gegen":**
Scheidung Gottschalck ./. Gottschalck ist für Freitag angesetzt.

- **Mittestrich für „bis":** mit Leerzeichen
Öffnungszeiten: 14:00 – 16:30 Uhr

Mittestrich – in Streckenangaben
Die Strecke Berlin – Köln – Berlin legen die jeden Tag zurück.

Schrägstrich – davor und danach kein Leerzeichen: 60 km/h, Silvester 2007/2008

Andere Zeichen

Gedankenstrich – vor und nach dem Gedankenstrich steht ein Leerzeichen:
Am Sonntag gibt es – ob es Ihnen passt oder nicht – eine Stunde Unterricht.

Anführungszeichen – ohne Leerzeichen vor und nach den von ihnen eingeschlossenen Textteilen:
Die Ausbildung „Organisationsassistentin" bieten wir als Fernlehrgang an.

Klammern – ohne Leerzeichen vor und nach den von ihnen eingeschlossenen Textteilen:
Der Intercity (ICE) fährt Spitzengeschwindigkeiten.

Ziffern und Zahlen

Dezimale Teilungen kennzeichnet man mit dem Komma (Dezimalzeichen):
148,70 €; 340,25 m; 0,4 kg
Bei runden Zahlen oder ungefähren Werten dürfen die Dezimalstellen entfallen.
30.000 €
Gehalt: ca. 10 € pro Stunde

Uhrzeiten – Anzahl der Stunden, Minuten und Sekunden mit je zwei Ziffern:
16:00 Uhr, 05:43 Uhr, 14:08:34 Uhr

Geldbeträge – sollten aus Sicherheitsgründen 3-stellig mit Punkt gegliedert werden:
5.488,50 €, 75.899,55 €

Hausnummern
Hoher Weg 7 – 9; Am Bruchsee 7 b

Kalenderdaten
Nummerisch mit Mittestrich gegliedert:
2006-07-02 06-07-02
Nummerisch mit Punkt gegliedert:
06.01.2007 06.01.07
Alphanummerisch:
6. Januar 2007 6. Jan. 2007

Besondere Zahlengliederungen

Telefonnummern
Funktionsbezogen durch je ein Leerzeichen gliedern (Anbieter, Landesvorwahl, Ortsnetzkennzahl, Anschluss). Zur besseren Lesbarkeit dürfen funktionsbezogene Teile von Telefon- und Telefaxnummern durch Fettschrift oder Farbe hervorgehoben werden.
998645; 06239 1345

Durchwahlnummer mit Nebenstellenanlagen – Durchwahlnummer mit Bindestrich anfügen:
0621 776-987; 0671 654-100

Sondernummern – enthält die Sondernummer eine Ziffer für die Gebührenzählung, steht davor und dahinter ein Leerzeichen.
0180 7 55678; 0800 8765345; 0800 telekom

Internationale Rufnummer – vor der Landeskennzahl steht das Zeichen +
+49 621 7654398 (49 = Landesvorwahl Deutschland)

Telefaxnummern – gleiche Gliederung wie die Telefonnummer, jedoch mit Zusatz Fax: Fax 06239 77654

Postfachnummer – von rechts nach links in Zweiergruppen gegliedert:
6 97; 56 78; 8 76 54

Bankleitzahl – national (BLZ) von links nach rechts beginnend: zweimal Dreiergruppe, einmal Zweiergruppe:
BLZ 456 900 10
International (IBAN = International Bank Account Number) – von links nach rechts beginnend: fünfmal Vierergruppe, einmal Zweiergruppe:
IBAN DE89 5408 8878 9965 5490 11

Gliederung von Texten

Absätze – zwischen dem vorhergehenden und dem folgenden Text ist eine Leerzeile.

Aufzählungen – vor der Aufzählung und nach der Aufzählung ist eine Leerzeile. (Aufzählungszeichen aus einem Textverarbeitungsprogramm können verwendet werden.)

Abschnitte – Abschnittsüberschriften sind durch je eine Leerzeile vom vorhergehenden und vom folgenden Text abzusetzen. Abschnittsnummern erhalten am Ende keinen Punkt, deshalb folgen bis zur Überschrift mindestens zwei Leerzeichen.

Hervorhebungen

Hervorgehoben wird durch Formatieren von Zeichen und/oder durch Sonderstellung im Textraum.

Einrücken – der hervorzuhebende Textteil beginnt 2,54 cm vom linken Schreibrand; vor und nach der Einrückung ist eine Leerzeile.

Zentrieren – der hervorzuhebende Textteil wird in den Schreibraum eingemittet (= zentriert); vor und nach dem zentrierten Textteil ist eine Leerzeile.

Unterstreichen – vom ersten bis letzten Schriftzeichen einschließlich Satzzeichen unterstreichen.

Anführungszeichen – stehen direkt am Wort ohne Leerzeichen.

Prinzipiell gilt: Nicht mehr als zwei bis drei Hervorhebungen pro Seite, sonst wirkt der Text unübersichtlich und überladen.

Größenangaben und Formeln

Einheiten – nach dem Zahlenwert folgt ein Leerzeichen:
34,5 m², 24 °C, 90 kJ

Alleinstehende, hochgestellte Zeichen stehen direkt hinter dem Zahlenwert:
Winkel von 56°

So sieht ein DIN-gerechter Briefbogen aus:

Sendungsart/Versendungsform
- Leerzeile -
Empfängerbezeichnung
Empfängerbezeichnung
Postfach oder Straße und Hausnummer
PLZ Bestimmungsort
wenn Ausland: Bestimmungsland in Großbuchstaben
- Leerzeile -
- Leerzeile -
Bezugszeichenzeile mit Datum
- Leerzeile -
- Leerzeile -
Wortlaut des Betreffs (Fettdruck möglich)
- Leerzeile -
- Leerzeile -
Anrede
- Leerzeile -
Text mit Absätzen und eventuell Einrückungen
- Leerzeile -
Gruß
- Leerzeile -
Firmenbezeichnung (freigestellt)
- Leerzeile -
Zusätze (i. V.oder i. A. oder ppa.)
- Leerzeile -
- Leerzeile -
- Leerzeile -
Maschinenschriftliche Signatur mit Vor- und Zunamen
- Leerzeile -
PS:
Blindtext
- Leerzeile -
Anlagen
Blindtext
- Leerzeile -
Verteiler
Blindtext

Abbildung 13: DIN-gerechter Briefbogen

10. Die neue deutsche Rechtschreibung – besser als ihr Ruf

Das Rechtschreib-Quiz

Machen Sie den Praxistest: Wie gut kennen Sie die neue Rechtschreibung? Hier kommen Sie Ihren Lücken auf die Spur... (Die Lösungen finden Sie auf Seite 117.)

Das Stammprinzip

Kreuzen Sie die Wörter an, die nach der neuen Rechtschreibung richtig sind (Tipp: Es kann auch mal mehr als nur eine richtige Lösung geben!)

1.
a) Nusssahne
b) Nussahne
c) Nuss-Sahne

2.
a) aufwendig
b) aufwändig
c) aufwändich

3.
a) nummerieren
b) numerieren
c) numerrieren

Bindestrich

4.
a) der 14-Jährige Pianist
b) der 14jährige Pianist
c) der 14-jährige Pianist

5.
a) dass-Satz
b) Dasssatz
c) Dass-Satz

6.
a) 4-fach
b) 4fach
c) 4-mal

7.
a) Fluss-Senke
b) Fluss-senke
c) Flusssenke

Zeichensetzung

Komma oder nicht? Bitte markieren Sie alle Stellen in den folgenden Sätzen, an denen eines stehen muss! In den Lösungen sind die „Muss-Kommas“ normal gesetzt und die „Darf-Kommas“ eingeklammert.

8. Wir hatten viel Spaß und wir scrabbelten bis zum frühen Morgen.

9. Ich schrie: „Was wollen Sie denn mit dem gelben Teddy?“ und schoss auf ihn.

10. Es war irgendwie unangenehm über die Glasscherben zu laufen.

11. Wir entschieden uns über die Brücke zu hechten.

12. Wissen Sie dass ich ein Bankräuber bin und dass ich mich mit einer Pistole bewaffnet habe?

Zum Schluss:

Im Folgenden gibt es richtige und falsche Schreibungen aus verschiedenen Bereichen. Finden Sie die Fehler?

13. Mit wäßrigen Augen sah er mich an – er hatte wohl ein Gläschen zuviel gehabt.

14. Das war also die sagenumwobene Stadt, in der man um so reicher wurde, je schlechter die Teernte ausfiel.

Das Wichtigste in Kürze

A. Das Stamm-Prinzip
1. Änderungen bei Umlauten
2. Konsonanten nach kurzem Vokal
3. Von "ß" zu "ss"
4. Zusammengesetzte Wörter
5. Das "h" am Schluss
6. Das "t" wird zum "z"
7. Fremdwortschreibungen

B. Getrennt- und Zusammenschreibung
1. Trennung als Normalfall
2. Besonderheiten

C. Der Bindestrich
1. Bindestrich zwischen drei Vokalen
2. Bindestrich bei Fremdwörtern

D. Groß- und Kleinschreibung
1. Hauptwörter mit Präpositionen
2. Hauptwörter und Verben
3. Zahlwörter und Verbindungen
4. Die Tageszeiten
5. Superlative
6. Die Anredeformen

E. Zeichensetzung
1. Kommaregeln bei Hauptsätzen
2. Der erweiterte Infinitiv mit "zu"

F. Worttrennung
1. Trennung von "st" und "ck"
2. Fremdwörter

A. Das Stamm-Prinzip

1. Eine Gämse schnäuzt sich – Die Umlaute

Es gibt im Deutschen Wortstämme. Aus ihnen entwickelten sich Ableitungen und Zusammensetzungen. Ziel der Rechtschreibreform ist es insbesondere, durch Neuschreibung einiger Wörter den Wortstamm klar erkennbar zu halten. Bisher kam es bei Ableitungen und Zusammensetzungen oft zu veränderten Laut-Schreibungen. Bei den folgenden Beispielen sehen Sie die alte Schreibweise in schwarzer Normalschrift, die neue in schwarzem Fettdruck. In einigen Fällen sind auch zwei Herleitungen und damit zwei Schreibweisen möglich.

behende – **behände** (zu: Hand)
belemmert – **belämmert** (heute zu: Lamm)
Bendel – **Bändel** (zu: Band)

Gemse – **Gämse** (zu: Gams)
Quentchen – **Quäntchen** (heute zu: Quantum)
schneuzen – **schnäuzen** (zu: Schnauze, großschnäuzig)
Stengel – **Stängel** (zu: Stange)
überschwenglich – **überschwänglich** (zu: Überschwang)
verbleuen – **verbläuen** (heute zu: blau)
aufwendig – **aufwendig** (zu: Aufwenden), oder auch **aufwändig** (zu: Aufwand)
Schenke – Schenke (zu: ausschenken) oder auch **Schänke** (zu: Ausschank)
Wächte (Schneewehe) – **Wechte** (nicht zu: wachen)

Aber: „Eltern" bleibt bestehen, trotz des Wortstammes „alt"; hier berücksichtigt die Neuregelung, dass es Wörter gibt, die inzwischen so eigenständig geworden sind, dass man sie nicht mehr an den ursprünglichen Stamm anschließen kann.

2. Tipps: Zwei Konsonanten nach kurzem Vokal

As – **Ass**
Tip – **Tipp** (zu: tippen)
Karamel – **Karamell** (zu: Karamelle)
numerieren – **nummerieren** (zu: Nummer)
plazieren – **platzieren** (zu: Platz)
Stukkateur – **Stuckateur** (zu: Stuck)
Tolpatsch – **Tollpatsch** (zu: toll)

3. Wer küsst wen? – Wann das „ß" zum „ss" wird

Noch immer sind wir beim „Stammprinzip". Damit die Herkunft eines Wortes auch in der Schreibung erkennbar bleibt, wird der Wechsel von „ss" zu „ß" nach einem kurzen Vokal aufgehoben und somit konsequent das Doppel-s verwendet.

hassen/Haß – **hassen/Hass**
küssen/Kuß – **küssen/Kuss; sie küssten sich**
lassen/er läßt – **lassen/er lässt**
müssen/er muß – **müssen/er muss**
Mißverständnis – **Missverständnis**
Wasser/wässerig/wäßrig – **Wasser/wässerig/wässrig**
daß – **dass** (als Konjunktion)

Nach langen Vokalen – Maß, Muße, Straße – bleibt das „ß" erhalten, ebenso bei einem Doppellaut, wie bei „beißen" oder „draußen".

4. Kompass für die Schifffahrt – Zusammengesetzte Wörter

Das „Stamm-Prinzip" setzt sich bei zusammengesetzten Wörtern fort, auch dann, wenn drei gleiche Konsonanten aufeinander treffen.

Flanellappen – **Flanelllappen**
Flußsand – **Flusssand**
Ballettänzer – **Balletttänzer**
Stoffetzen – **Stofffetzen**

Natürlich gibt es weiterhin die Möglichkeit, die Wörter durch Bindestrich zu trennen, also: Ballett-Tänzer, Fluss-Sand usw. Auch bei der Endung „-heit" bleibt ein vorausgehendes „h" erhalten, also

Roheit – **Rohheit** (zu: roh)
Zäheit – **Zähheit** (zu: zäh)

Aus dem gleichen Grunde schreibt man das doppelte „r" bei:
Zierat – **Zierrat** (wie schon: Vorrat)

Aber: Folgende Schreibungen bleiben bestehen, weil sie nicht mehr als Zusammensetzungen empfunden werden: „dennoch", „Drittel" und „Mittag".

5. Ein schlaues Känguru – Das "h" am Schluss

Das „Stamm-Prinzip" erfordert noch einige Ergänzungen: Um die Schreibung einheitlicher zu gestalten, war es sinnvoll, in Einzelfällen auch den Wortstamm zu verändern und ein „h" am Ende wegfallen zu lassen.

rauh – **rau** (wie grau, schlau, genau usw.)
Känguruh – **Känguru** (wie Gnu, Kakadu)

6. Substantielles zum "z" – Das "t" bekommt Konkurrenz

Um eine einheitliche Schreibweise bei Substantiven auf -anz oder -enz und den davon abgeleiteten Wörtern zu erzielen, wurde die Schreibung mit „z" zur Hauptform. Die bisherige Schreibung mit „t" bleibt aber als Nebenform bestehen.

essentiell – **essenziell** (zu Essenz), auch essentiell
Differential – **Differenzial** (zu Differenz), auch Differential
Potential – **Potenzial** (zu Potenz), auch Potential
substantiell – **substanziell** (zu Substanz), auch substantiell

7. Spagetti mit Ketschup – Was tun mit Fremdwörtern?

Eine Angleichung von Fremdwörtern an die herkömmliche deutsche Schreibweise, wie sie seit jeher stattgefunden hat, wurde nur in Einzelfällen vorgenommen. Eine Metapher bleibt eine Metapher, ein Phänomen ein Phänomen, die Philosophie ist Philosophie und nichts anderes, gleiches gilt für die Sphäre. In einigen, genau festgelegten Fällen werden aber alternative Schreibweisen zugelassen. Von Einzelfällen – wie **Portmonee** neben Portemonnaie – abgesehen, gilt das besonders dort, wo vergleichbare Schreibanpassungen bereits existieren:

Necessaire – Necessaire, auch **Necessär**
Geographie – Geographie, auch **Geografie**
Spaghetti – Spaghetti, auch **Spagetti**
Chicorée – Chicorée, auch **Schikoree**
Kommuniqué – Kommuniqué, auch **Kommunikee**
Boucle – Boucle, auch **Buklee**
Ketchup – Ketchup, auch **Ketschup**
Myrrhe – Myrrhe, auch **Myrre**
Hämorrhoiden – Hämorrhoiden, auch **Hämorriden**
Facette – Facette, auch **Fassette**
Panther – Panther, auch **Panter**

B. Getrennt- und Zusammenschreibung

1. Bloß nicht sitzen bleiben! – Trennung ist der Normalfall

Schon seit langem gilt die Getrenntschreibung als der Normalfall. Nach den neuen Rechtschreibregeln wird dieser „Normalfall" weiter systematisiert, um bislang bestehende Ungereimtheiten auszuräumen.

radfahren – aber **Auto fahren** – **Rad fahren** (wie Auto fahren)
teppichklopfen/Teppich klopfen – **Teppich klopfen**
haltmachen – **Halt machen**

Die Unterscheidung von einer konkreten und einer übertragenen Bedeutung, die bisher schon nicht recht funktioniert hat (so wurde „im Bett liegenbleiben" geschrieben, obwohl es sich um eine konkrete Bedeutung handelte, aber „mit seinem Plan baden gehen", obwohl hier die übertragene Bedeutung „scheitern" umschrieben ist), wird aufgegeben:

sitzenbleiben (in der Schule), aber sitzen bleiben (auf einem Stuhl) – **sitzen bleiben**
abwärtsgehen (schlechter werden), aber abwärts gehen (einen Weg) – **abwärts gehen**

Um eine Vereinheitlichung der Schreibweisen zu erzielen, wird auch in folgenden Fällen getrennt geschrieben:
gefangennehmen, aber getrennt schreiben – **gefangen nehmen**
kennenlernen – **kennen lernen**
übrigbleiben, aber artig grüßen – **übrig bleiben**

Was bislang schon für viele Einzelfälle galt, gilt jetzt generell: Bei Verbindungen wie aneinander/auseinander/beieinander + Verb gilt die Getrenntschreibung:

aneinanderfügen, aber aneinander denken – **aneinander fügen**
zueinanderfinden, aber zueinander passen – **zueinander finden**

Partizipformen werden geschrieben wie die Grundformen.
achtunggebietend – **Achtung gebietend**
erdölexportierend – **Erdöl exportierend**
handeltreibend – **Handel treibend**
nahestehend – **nahe stehend** (von: nahe stehen)
laubtragende/Laub tragende (Bäume) – **Laub tragende** (Bäume, von: Laub tragen)

2. „wie viel" wie „wie viele" – Ein paar Besonderheiten

Wie bereits „so viele", „wie viele" wird jetzt auch „**so viel**", „**wie viel**" geschrieben.

Hingegen werden alle Verbindungen mit „irgend" wie bisher schon „irgendwer oder „irgendwohin" zusammengeschrieben.
irgend etwas – **irgendetwas**
irgend jemand – **irgendjemand**

C. Der Bindestrich

1. Der Ballett-Tänzer – Kleiner Strich, große Wirkung

Der Bindestrich eröffnet dem Schreibenden grundsätzlich die Möglichkeit, unübersichtliche Zusammenschreibungen zu gliedern. Außerdem ermöglicht er es, Zahlen und Wörter zu verbinden („3/4-Takt") oder aus anderen, eigentlich nicht miteinander zu vereinbarenden Bestandteilen eine sinnvolle Wortverbindung zu schaffen (das „In-den-Tag-hinein-Träumen"). Die neue Regelung beseitigt einerseits Ungereimtheiten und gibt andererseits der Entscheidung des Schreibenden mehr Raum, durch die Verwendung des Bindestrichs seine Aussageabsicht zu verdeutlichen.

Ichform, Ichsucht – **Ichform/Ich-Form, Ichsucht/Ich-Sucht**
Ich-Laut – **Ichlaut/Ich-Laut**
17jährig, 3tonner – **17-jährig, 3-Tonner**
2pfünder – **2-Pfünder**
4silbig, 100prozentig – **4-silbig, 100-prozentig**
Kaffee-Ersatz – **Kaffeeersatz/Kaffee-Ersatz**
Zoo-Orchester – **Zooorchester/Zoo-Orchester**
Baletttruppe – **Baletttruppe/Ballett-Truppe**
Flußsand – **Flusssand/Fluss-Sand**

2. Der Hair-Stylist – Englisches kann man auch trennen

Für Anglizismen (Wörter und Wendungen, die aus dem Englischen in die deutsche Sprache übernommen werden) gelten die gleichen Regeln wie für einheimische Zusammensetzungen, das heißt grundsätzlich Zusammenschreibung, aber zulässige Schreibung mit Bindestrich, vor allem dann, wenn Unübersichtlichkeit befürchtet wird:

Hair-Stylist – **Hairstylist/Hair-Stylist**
Job-sharing – **Jobsharing/Job-Sharing**
Midlife-crisis – **Midlifecrisis/Midlife-Crisis**
Sex-Appeal – **Sexappeal/Sex-Appeal**
Shopping-Center – **Shoppingcenter/Shopping-Center**

D. Groß- und Kleinschreibung

1. Alles ins Reine bringen – Einiges über Groß und Klein

Die Groß- und Kleinschreibung ist eines der zentralen Kapitel der Rechtschreibreform. Ursprünglich hatten die Sprachwissenschaftler vor, auch die Substantive – die „Hauptwörter" – klein schreiben zu lassen, wie es in anderen Sprachen üblich ist. Dafür ließ sich jedoch keine mehrheitliche Zustimmung finden. So kam es zu einer „modifizierten" Regelung, bei der die traditionelle Großschreibung der Substantive beibehalten wird, besonders schwierige Bereiche der bisherigen Groß- und Kleinschreibung jedoch neu geregelt werden. Die Änderungen zielen darauf ab, klare, wenn möglich formale Kriterien für die

Großschreibung zu gewinnen. Eine entscheidende Bedeutung kommt hierbei dem Gebrauch des Artikels („der“, „die“, „das“, „ein“, „eine“) zu, wodurch sogar etwas mehr als bisher groß geschrieben wird. Fangen wir mit Substantiven an, denen eine Präposition voransteht oder ein Verb folgt. Hier ist die Großschreibung immer richtig:

in bezug auf – **in Bezug auf** (wie schon mit Bezug auf)
ins reine (bringen) – **ins Reine** (bringen)
im übrigen – **im Übrigen**

2. Nicht zu schnell Rad fahren – Hauptwörter und Verben

Substantive in enger Verbindung mit einem Verb werden groß geschrieben:

radfahren – **Rad fahren** (wie schon Auto fahren)
eislaufen – **Eis laufen**
probefahren – **Probe fahren**
hofhalten – **Hof halten**
leid tun – **Leid tun**

Aber: Nur noch in Verbindungen mit den Verben „sein“, „bleiben“ und „werden“ schreibt man „Angst“, „Bange“, „Gram“, „Leid“, „Schuld“ und „Pleite“ klein:

angst (und bange) machen – **Angst (und Bange) machen**
bange sein – **bange sein**
schuld geben – **Schuld geben**
schuld sein – **schuld sein**
pleite sein – **pleite sein**

3. Der Nächste ist der Letzte – Zahlwörter und Verbindungen

Substantivierte Adjektive (also auf „Eigenschaftswörtern“ basierende „Hauptwörter“), die als Ordnungszahlen fungieren, werden jetzt groß geschrieben (etwa der Erste, der Letzte, der Nächste, der Dritte). Gleiches gilt für unbestimmte Zahladjektive, die den Indefinitpronomen (den „unbestimmten Fürwörtern“) nahestehen (alles Übrige, nicht das Geringste), sowie für Adjektive in festen Wortverbindungen (etwa im Klaren, im Folgenden, im Nachhinein, im Voraus, des Näheren oder – sowohl in wörtlicher als auch in übertragener Bedeutung – im Dunkeln tappen, im Trüben fischen):

der, die, das letzte – **der, die das Letzte**
der nächste, bitte – **der Nächste, bitte**
alles übrige – **alles Übrige**
nicht das geringste – **nicht das Geringste**
im großen und ganzen – **im Großen und Ganzen**
des näheren – **des Näheren**
im allgemeinen – **im Allgemeinen**
es ist das beste (= am besten), wenn – **das Beste**
auf dem trockenen sitzen (in finanzieller Verlegenheit sein) – **auf dem Trockenen sitzen**
den kürzeren ziehen (Nachteile haben) – **den Kürzeren ziehen**

4. Wer kommt heute Mittag? – Die Tageszeiten

Bezeichnungen für Tageszeiten werden dann groß geschrieben, wenn sie in Verbindung mit „heute“, „(vor)gestern“ oder „(über)morgen“ stehen:

heute mittag – **heute Mittag**
gestern abend – **gestern Abend**
vorgestern morgen – **vorgestern Morgen**

Substantivische Verbindungen von Wochentag und Tageszeit werden groß geschrieben und zusammen:
am Sonntag abend – **am Sonntagabend**
(dazu das Adverb: **sonntagabends**)

Groß geschrieben werden auch Farb- und Sprachbezeichnungen in Verbindung mit Präpositionen:
in englisch – **in Englisch**
auf deutsch – **auf Deutsch**
(wie schon: bei Grün)

Außerdem groß geschrieben werden Paarformeln mit nicht deklinierten („gebeugten") Adjektiven zur Bezeichnung von Personen:
groß und klein – **Groß und Klein**
jung und alt – **Jung und Alt** (wie bisher schon: Arm und Reich)

5. Bei Superlativen mit „aufs" ist sowohl Großschreibung als auch Kleinschreibung möglich:

aufs beste – **aufs beste/aufs Beste**
aufs herzlichste – **aufs herzlichste/aufs Herzlichste**

Die Großschreibung gilt weiter dann, wenn es sich um Eigennamen, also um singuläre Benennungen handelt (etwa „der Stille Ozean"). Auch Titel (wie „Regierender Bürgermeister"), klassifizierende Bezeichnungen in der Biologie („Roter Milan"), besondere Kalendertage („Heiliger Abend") und historische Ereignisse (wie der „Westfälische Friede") werden groß geschrieben. Ableitungen von Personennamen, wie zum Beispiel „ohmsch" werden immer klein geschrieben, also auch, wenn die persönliche Leistung gemeint ist: „das **ohmsche** Gesetz". Groß wird ein Name geschrieben, wenn seine Grundform betont werden soll. Die Endung wird in solchen Fällen mit einem Apostroph angehängt: „die **Grimm'schen** Märchen".

6. Immer höflich bleiben – Die Anredeformen

Ganz neu: Die „Höflichkeits"-Großschreibung beim Pronomen „Du"/„Dich" und den dazugehörigen Fällen in Briefen wird wieder erlaubt.

E. Zeichensetzung

1. Die Freiheit beim Komma – Hauptsätze ohne Trennung

Wann man ein Komma zu setzen hat, gehörte bisher zu den unübersichtlichsten Bereichen der alten Rechtschreibung. Die neuen Regeln wollen dem Schreibenden mehr Freiheiten beim Gebrauch des Kommas einräumen – etwa bei mit „und", „oder", „beziehungsweise", „weder – noch" oder „entweder – oder" verbundenen Hauptsätzen, die nicht mehr durch ein Komma getrennt werden, also: Der Schnee schmolz dahin, und bald ließen sich die ersten Blumen sehen, und die Vögel stimmten ihr Lied an. – Der Schnee schmolz dahin und bald ließen sich die ersten Blumen sehen und die Vögel stimmten ihr Lied an.

Sie machten es sich bequem, die Kerzen wurden angezündet, und der Gastgeber versorgte sie mit Getränken. – Sie machten es sich bequem, die Kerzen wurden angezündet und der Gastgeber versorgte sie mit Getränken.

In diesen beiden Fällen sind gleichrangige Hauptsätze durch Konjunktionen (Bindewörter) miteinander verbunden und das Komma entfällt.

Aber: Wenn der Schreibende meint, ein Komma würde die Gliederung des Satzes verdeutlichen und Missverständnisse ausschließen, darf er ein Komma setzen, also:
Er schimpfte auf die Regierung, und sein Publikum, das auf seiner Seite war, applaudierte.
Sie begegnete ihrem Trainer, und dessen Mannschaft musste lange auf ihn warten.

2. Keine Missverständnisse – Der erweiterte Infinitiv

Auch bei dem „erweiterten Infinitiv mit „zu" gilt jetzt: Man kann (!), um Missverständnisse zu vermeiden, ein Komma setzen, also:
Wir empfehlen ihm, nichts zu sagen.
Wir empfehlen, ihm nichts zu sagen.

Ist der Infinitivsatz jedoch in einen zusammenhängenden Satz integriert, muss weiterhin ein Komma gesetzt werden:
Darüber, bald zu einem Erfolg zu kommen, dachte sie lange nach.
Bald zu einem Erfolg zu kommen, das war ihr sehnlichster Wunsch.
Sie, um bald zu einem Erfolg zu kommen, schritt alsbald zur Tat.

F. Worttrennung

1. Nur keine Trennungsängste – Das „st" und das „ck"

Ein liebgewonnenes Sprichwort verschwindet mit der Reform: „Trenne nie „st", denn es tut ihm weh!" gilt ab jetzt nicht mehr. Wie man auch bisher schon Wes-pe oder Kas-ko trennte, so schiebt sich der kleine Strich jetzt auch zwischen das „st", also:
We-ste – **Wes-te**
Ka-sten – **Kas-ten**
Mu-ster – **Mus-ter**

Und das „ck"? Ab jetzt wird es bei Trennungen nicht mehr durch „kk" ersetzt, denn hier ginge der Wortstamm verloren. Das „ck" kommt vielmehr geschlossen auf die nächste Zeile, ähnlich wie bei la-chen, wa-schen, also: Zuk-ker – **Zu-cker**
lek-ken – **le-cken**
bak-ken – **ba-cken**

2. Fremdwörter

Für Fremdwörter gelten neben den bisher vorgeschriebenen Trennungen, die nur der Herkunftssprache Rechnung tragen, nun auch die für einheimische Wörter geltenden Trennregeln, also:
Chir-urg – **Chir-urg/ Chi-rurg**
Si-gnal – **Si-gnal/Sig-nal**
Päd-agogik – **Päd-agogik/Pä-dagogik**
par-allel – **par-allel/pa-rallel**
Heliko-pter – **Heliko-pter/Helikop-ter**

11. E-Mail-Korrespondenz

Im 21. Jahrhundert, dem Zeitalter der neuen Technologien, sind E-Mails zum Kommunikationsmedium Nummer 1 geworden. Die E-Mail ersetzt heute weitgehend den konventionellen Geschäftsbrief und ist aus der Businesswelt nicht mehr wegzudenken. Mitarbeiter aller Hierarchieebenen bearbeiten mittlerweile Ihre E-Mail-Korrespondenz selbst – ohne dabei von einem Sekretariat unterstützt zu werden. Deshalb ist es absolut notwendig, dass alle Mitarbeiter in moderner Korrespondenz geschult sind, die DIN-Regeln kennen und in der neuen deutschen Rechtschreibung fit sind. Denn nur so ist gewährleistet, dass die E-Mail-Korrespondenz an Kunden und Geschäftspartner ein Aushängeschild für das Unternehmen ist. Nur durch die ständige Weiterbildung aller Mitarbeiter in diesen Bereichen ist die Qualität der Korrespondenz sichergestellt.

Die Vorteile der elektronischen Post liegen auf der Hand:

- Sie erreicht in kürzester Zeit beliebig viele Empfänger gleichzeitig – unabhängig vom Standort.
- Nachrichten werden rasend schnell mit einem „Mausklick" übermittelt.
- Sofortiges Antworten durch Anklicken des Antwortbuttons ist möglich.
- Nachrichten können als Kopie (cc) sofort an andere Gruppen oder Einzelpersonen weitergegeben werden.
- Umfangreiche Anlagen können an die E-Mail angehängt werden.

Viele Menschen – ob Angestellte in Unternehmen oder Privatpersonen – fühlen sich von der ständig wachsenden Nachrichtenflut regelrecht überrollt. Dadurch dass Mitarbeiter nicht immer regelmäßig im E-Mail-Management geschult werden, nimmt die Bearbeitung der Mailflut immer mehr Zeit in Anspruch und ist mittlerweile in den Büros zum Zeitfresser Nr. 1 geworden. So kommt es, dass die elektronische Post nicht immer mit der gleichen Sorgfalt erledigt wird wie früher die Briefpost. Viele vergessen, dass auch die elektronische Geschäftspost eine Visitenkarte ist – für das Unternehmen und den Sender.

Hier die wichtigsten Regeln für die Form:

- Die E-Mail wird einzeilig formatiert.
- Genau wie der Brief verlangt die E-Mail nach einer sinnvollen Gliederung in Absätze, die jeweils durch eine Leerzeile getrennt werden.
- Die Anrede ist ein wichtiges Element und wird vom folgenden Fließtext durch eine Leerzeile getrennt.
- Der professionelle Abschluss einer E-Mail besteht aus folgenden Bausteinen:
  - Grußformel
  - Firmenname
  - Vollständige Adresse des Absenders/der Firma
  - Vor- und Zuname des Senders
  - Kontaktdaten (E-Mail-Adresse, Telefon- und Faxdurchwahl, Internetadresse); (siehe auch Seite 88 E-Mail Signatur)
  - eventuell der Unternehmensslogan

Was ist anders als beim Brief?

Moderner Schreibstil in der E-Mail-Korrespondenz

Grundsätzliches:
Überlegen Sie genau, ob es wirklich notwendig ist, eine E-Mail zu schreiben. Manchmal macht ein Telefonat durchaus mehr Sinn. Das gilt vor allem für komplexe und erklärungsbedürftige Themen.

E-Mails sind nicht das geeignete Medium für emotionale, sensible und vertrauliche Nachrichten. Selbst wenn sie verschlüsselt werden, können sie nach dem Entschlüsseln schnell durch einen „Klick" in unbefugte Hände gelangen.

Wenn Sie sofort eine Antwort benötigen, nutzen Sie das Telefon, da Sie nicht wissen, wann der Empfänger Ihre Mail liest.

Versenden Sie Mails nicht an endlose Verteilerlisten, sondern überlegen Sie vorher genau, wer diese Nachricht wirklich braucht. Prüfen Sie den Text sorgfältig, bevor Sie auf „Weiterleiten" klicken. Oft hängen noch unzählige Nachrichten an der aktuellen Mail, deren Inhalt nicht immer für den Empfänger geeignet ist.

Automatisches Weiterleiten bei Abwesenheit erhöht die Mailflut der Vertretung. Überlegen Sie, ob Sie nicht besser Ihre Abwesenheitsnotiz so verfassen, dass Ihre Vertretung nur in dringenden Fällen kontaktiert wird, anstatt alle Mails (auch die unwichtigen) zu erhalten.

Bevor Sie auf einer Internetseite ein Online-Formular ausfüllen, schauen Sie auf die AGBs. Werden Ihre Daten an Dritte weitergegeben? Dann wird Ihre E-Mail-Adresse verkauft und Sie haben ständig Werbemails im Postfach.

Eine Mailadresse, die Zahlen enthält statt Namen, wird weniger Werbung erhalten. Die Spam-Versender schicken ihre Post oft auf gut Glück an gängige Namen. Legen Sie sich eine zusätzliche Adresse zu, wenn Sie anonym bleiben wollen (zum Beispiel beim Chatten).

Persönliche Ansprache
Anders als im Brief können Sie in der E-Mail Ihre Anrede mit der passenden Tageszeit formulieren:

- Guten Morgen, Frau Meier,
- Hallo und guten Tag, Herr Schulz,
- Guten Abend, Herr Schmitt!

Achten Sie auf einen logischen Aufbau:

Checkliste: E-Mail schreiben

- Was weiß der Leser?
- Welche Informationen helfen ihm, Zusammenhänge zu verstehen?
- Welche Informationen sind neu?
- Versenden Sie Ihre E-Mail erst, wenn alle Informationen komplett sind!
- Formulieren Sie kurze Sätze (Richtwert: circa 25 Wörter je Satz).
- Auf die Abwechslung kommt es an: Formulieren Sie Sätze verschiedener Länge
- Setzen Sie Frage- und Aufforderungssätze ein

Die Infoflut im Griff: Tipps für einen „sauberen Posteingang“:

Ganz ehrlich: Wie sieht Ihr E-Mail-Postfach aus? Strukturiert? Übersichtlich?

Lassen Sie Ihre Mails nicht im Posteingang vor sich hin „dümpeln“. Nutzen Sie ihn nicht als Wiedervorlage, sonst haben Sie bald einen „virtuellen Stapel“, den Sie nicht wie Papier „durchblättern“, sondern „durchklicken“. So wird die Mailbearbeitung zum enormen Zeitfresser. Ihr Posteingang wird stets voller und unübersichtlicher und Sie brauchen immer mehr Zeit, um die gewünschten Nachrichten zu finden.

Sie können Mails

- weiterleiten
- bearbeiten (zum Beispiel einfach mit der Maus per „Drag and Drop“ in die Aufgaben schieben, sowohl in Lotus Notes als auch im Outlook.)
- löschen (nicht lange überlegen – Unwichtiges sofort löschen!)
- ablegen

So bearbeiten Sie auch die Papierpost. Verfahren Sie genauso mit der elektronischen Post!

Was sollten Sie beim Verfassen von professionellen E-Mails beachten?

- Jedes Schriftstück an externe Empfänger ist eine Visitenkarte Ihres Unternehmens und zugleich Ihre eigene.
- Achten Sie auf die Rechtschreibung, seit 1. August 2005 ist die neue deutsche Rechtschreibung verbindlich!
- Geben Sie einen aussagekräftigen Betreff in Ihrer Mail an. Nach der DIN 5008 ist der Betreff zwingend erforderlich!
- Wenn sie wiederholt antworten, ändern sich die Inhalte nach und nach. Sie sollten Ihre Betreffzeile regelmäßig aktualisieren!
- Verwenden Sie immer eine Anrede und einen netten Gruß für den Empfänger.
- Verwenden Sie kurze und prägnante Formulierungen statt langer Endlos-Nachrichten. Hier gilt das **KISS-Prinzip**: **K**eep **i**t **s**hort and **s**imple!
- Schreiben Sie im Aktiv, verwenden Sie mehr Verben als Substantive und formulieren Sie im Sie-Stil (statt: „wir senden Ihnen“ – „heute erhalten Sie“…)
- Sorgen Sie immer für einen korrekten, freundlichen Ton in Ihren Formulierungen.
- Geben Sie Ihren Absender vollständig an.

- Verwenden Sie eine einheitliche E-Mail-Signatur mit Ihren Kollegen aus einem Unternehmen, um die Corporate Identity zu bewahren.
- Sorgen Sie für einen klaren, einheitlichen Aufbau. Beginnen Sie bei jedem neuen Gedanken einen neuen Absatz, ein Absatz sollte nicht mehr als sieben Zeilen haben.
- Formulieren Sie kurz, informativ, offen und strukturiert.
- Bieten Sie die Möglichkeit, direkt zu antworten und legen Sie sich Verteilerlisten für bestimmte Empfängergruppen an.
- Möchten Sie eine Mail an viele Empfänger senden, verbergen Sie die Adressen Ihrer Empfänger, um sie vor Missbrauch zu schützen. Entweder Sie erstellen zuvor eine Verteilerliste oder Sie senden die E-Mail an sich selbst mit allen anderen Empfängern als „bss", also per Blind-Kopie. Dann sieht niemand, an wen die Mail verschickt wurde.
- Schreiben Sie für jedes Thema eine neue E-Mail. So kann sich der Empfänger seine To do's besser elektronisch abspeichern (zum Beispiel im Outlook unter „Aufgaben" mit automatischer Erinnerungsfunktion).
- Ihre E-Mails sollten Sie nur dann als besonders wichtig kennzeichnen, wenn dies wirklich der Fall ist. Sonst machen Sie sich unglaubwürdig und Ihr „!" wird nicht ernst genommen.
- Lesen oder veröffentlichen Sie niemals private Nachrichten oder Materialien anderer, ohne vorab eine Erlaubnis eingeholt zu haben.
- Emoticons (zum Beispiel: :-), ;-)) sind Symbole einer Zeichensprache, die die Korrespondenz belebt. Im Business sind sie absolut tabu.
- Warten Sie, bis alle Inhaltspunkte komplett sind und schicken Sie dann erst die Mail los, anstatt immer scheibchenweise kleine Mails zu schreiben.
- Schreiben Sie im ersten Absatz das Wichtigste, damit der Empfänger sofort weiß, welche Priorität die E-Mail für ihn hat.
- Schreiben Sie nicht zu lange Nachrichten im E-Mail-Format. Die Faustregel ist: Texte, die länger als fünf Absätze sind, sollten Sie besser als Anlage gestalten.
- Denken Sie genau darüber nach, wen Sie auf cc setzen wollen. Wer braucht Ihre Info wirklich?
- Verwenden Sie Schaltflächen für Abstimmungen und Abfragen, die die Empfänger nur noch anklicken müssen, statt einen Antworttext zu schreiben (In Outlook über: Optionen, Schaltflächen verwenden). Diese Schaltflächen können Sie selbst gestalten (zum Beispiel: Ja/Nein/Genehmigt/Abgelehnt).
- Bei der optischen Gestaltung einer E-Mail sollten Sie auf technische „Spielereien" verzichten. Sie können nicht von jedem 1:1 empfangen werden. Hinzu kommt, dass das Herunterladen teuer ist und viel Zeit in Anspruch nimmt. Außerdem fressen die Spielereien unnötig Speicherkapazität.

Durch den Betreff kategorisieren

Da viele Manager mittlerweile nicht nur mit Laptop und Palm auf Reisen gehen, sondern per Blackberry unterwegs ihre Mails abfragen, ist es sehr hilfreich, wenn sie sofort sehen, um welche Art von Nachricht es sich handelt.

Sie können zum Beispiel nach dem **„I D E"-Prinzip** verfahren. (I = Info, D = Diskussion, E = Entscheidung). Kennzeichnen Sie Ihre Mails zu Beginn der Betreffzeile mit einem *„I"*, weiß der Empfänger, dass es sich nur um eine Info handelt und Sie keine Antwort erwarten.

„D"-Mails können zum Beispiel für Abfragen unter Teammitgliedern verwendet werden. Wenn ein D in der Betreffzeile steht, wissen die Empfänger, dass eine Antwort von ihnen erwartet wird.

Mails mit einem **„E"** zu Beginn der Betreffzeile signalisieren, dass der Sender eine Entscheidung benötigt, dass die Mail also hohe Priorität hat.

Sie können noch weitere Codes verwenden, wie zum Beispiel **„A"** für Aktion, **„T"** für Termin, **„F"** für „Frage" etc.

Das Öffnen von Mails ersparen Sie sich mit dem Code **„eom" (end of message)**. Sie schreiben nur eine Betreffzeile mit der Kennung „eom" am Ende der Zeile. So kann zum Beispiel die Assistenz dem Vorgesetzten Nachrichten übermitteln, die während seiner Abwesenheit im Office aufgelaufen sind: *„Bitte Herrn Müller aus USA anrufen (eom)", „bitte noch rote Unterschriftsmappe unterschreiben (eom)"* etc. Damit hat der Sender immer eine Bestätigung, wann und in welchem Wortlaut er Nachrichten übermittelt hat. Gleichzeitig erhält er eine Lesebestätigung, wann der Empfänger die Mail bekommen hat. Der Empfänger kann dann diese Mail, die nur aus einer Betreffzeile besteht, in die Aufgaben speichern und sich automatisch daran erinnern lassen, wenn er die Aufgabe nicht sofort erledigt.

Wie organisieren Sie eine effiziente Bearbeitung der E-Mail-Flut?

- Lassen Sie sich aus allen Verteilern streichen, die Sie nicht persönlich betreffen.
- Lesen Sie Mails „quer". Meistens reicht schon die Betreffzeile! (Stellen Sie die Einstellung mit Vorschaufenster ein, damit Sie nicht immer jede Mail öffnen müssen, sondern schon auf den ersten Blick den Inhalt sehen.)
- Seien Sie mutig! Löschen Sie uninteressante Mails. Sollten Sie doch noch interessant werden, heben sie diese im vorläufigen „Papierkorb" einige Tage auf.
- Schalten Sie die Meldung „Sie haben neue Nachrichten, wollen Sie diese jetzt lesen?" aus. Sie werden sonst immer im Arbeitsfluss gestört. Bearbeiten Sie lieber die Mails in Blöcken zwei- bis dreimal am Tag.
- Bestellen Sie ab, was Sie ohnehin kaum oder gar nicht verwerten können.
- Sortieren Sie die Mails nach Wichtigkeit (A/B/C) (Im Outlook: Extras/Organisieren).
- Bauen Sie sich eine gut strukturierte Ablage der Mails auf und verschieben Sie Protokolle und interne Notizen in speziell dafür angelegte Ordner.

- Organisieren Sie Ihre Mails im Outlook unter „Organisieren, Farben verwenden“ farblich nach Absender oder von Ihnen bestimmten Kriterien. Somit werden die Nachrichten schon farblich vorstrukturiert und die E-Mail-Flut wird übersichtlicher. Ich bekomme zum Beispiel die Mails, die ich von meinem Chef erhalte, in Rot. Mails, die nur an mich gerichtet sind, erhalte ich in einer anderen Farbe als die Mails, die ich als cc bekomme. Teams könnten sich zum Beispiel so organisieren, dass sie die Mails des Projektleiters oder des Vorgesetzten in einer selbst festgelegten Farbe erhalten.

Wenn Sie die Mails für einen Vorgesetzten organisieren:

- Legen Sie Prioritätenordner an:

In Priorität 1 legen Sie die Mails ab, die er sofort lesen muss und eine Reaktion von ihm erwartet wird. In Priorität 2 legen Sie die Mails ab, die für ihn als Information wichtig sind, er aber nicht reagieren muss. Priorität 3 enthält die Mails, die er lesen muss, aber nicht sofort.

- Legen Sie ihm zum Beispiel einen „Delegiert-Ordner“ an. Darin speichern Sie die Mails, deren Bearbeitung Sie an andere delegiert haben. So behält er darüber die Kontrolle.
- Treffen Sie klare Absprachen mit ihm, welche Mails Sie sofort löschen können.

Was sollten Sie bei den Anlagen beachten?

- Achten Sie darauf, dass Ihre Mail mit attachment dem Adressaten nützt.
- Führen Sie gleich am Anfang der Mail auf, um was es geht und warum der Empfänger das attachment der Mail lesen soll.
- Öffnen Sie nie Anhänge in Mails von einem unbekannten Absender – so verbreiten sich „Würmer“ und „Trojaner“ am schnellsten.
- Wählen Sie den richtigen Zeitpunkt zum Versenden (Sie können die Uhrzeit selbst bestimmen).
- Vermeiden Sie Anhänge, wenn sie nicht erforderlich sind. Erstellen Sie eine Verknüpfung zur Datei oder legen Sie die Datei auf dem Server ab und geben Sie in der Mail nur eine kurze Nachricht, auf welchem Pfad die Informationen zu finden sind.

E-Mails richtig ablegen

- Bauen Sie Ihre Ablagestruktur so auf, dass sie identisch ist mit Ihrer Papierablage und der Ablage Ihres Chefs oder der Abteilung.
- Archivieren Sie Ihre E-Mails regelmäßig, damit Ihr Postfach eines Tages nicht voll ist oder Sie keine Post mehr verschicken können.
- Sie sollten nicht mehr als 20 Hauptordner anlegen sonst wird die Ablage unübersichtlich.
- Beachten Sie, dass auch für die E-Mail-Korrespondenz die gesetzlichen Aufbewahrungsfristen gelten.
- Legen Sie die Mails immer projektbezogen und nicht nach Absendern ab.
- Gesendete Objekte gehören auch in die Ablage!

Eine E-Mail-Kultur im Unternehmen etablieren

Meist mangelt es im Unternehmen an Absprachen, wie mit E-Mails zu verfahren ist, damit langfristig zumindest die Anzahl der internen Mails reduziert wird. Führen Sie eine E-Mail-Kultur im Unternehmen ein und fixieren Sie beispielsweise einen E-Mail-Leitfaden im Intranet. Die Mitarbeiter sollten Schritt für Schritt ihre E-Mails effizient organisieren lernen und auch konsequent an der Optimierung arbeiten. Dazu ist es absolut notwendig, dass die Mitarbeiter zunächst Zeit investieren, um langfristig davon zu profitieren. Sie sollten die Software, mit der Sie ihre Mails bearbeiten (meistens Outlook oder Lotus Notes), genau kennen lernen und alle Möglichkeiten des Programms optimal zu nutzen wissen. Bleiben Sie immer up to date und beherrschen Sie die neuen Medien, sonst beherrschen sie uns!

Im E-Mail-Leitfaden können Sie Codes für den Betreff hinterlegen und sonstige Regelungen, die die Informationsflut im Unternehmen eindämmen. Sie können dort auch Formulierungshilfen in mehreren Sprachen für die Abwesenheitsnotiz geben, denn auch diese Texte gehen an externe Empfänger und gelten als Visitenkarte Ihres Unternehmens. Wichtig dabei ist, dass Sie einen Verantwortlichen für die E-Mail-Kultur benennen. Geklärt werden muss auch, wie die E-Mail-Kultur verbreitet wird. So lernen Mitarbeiter Schritt für Schritt den effizienten Umgang mit E-Mails und arbeiten konsequent an der Optimierung.

DIN-Regeln für E-Mails

Die Regelungen zu E-Mails beziehen sich auf die Verwendung als Geschäftsbriefersatz. Beim Nachrichtenformat, bei der Codierung, bei der Verschlüsselung, den Schriften und den Dateiformaten der Anlagen ist auf die technischen Gegebenheiten des Empfängers Rücksicht zu nehmen. Anschrift, Verteiler und Betreff sind vorgegebene Zeilen des E-Mail-Kopfes.

Zeilenabstand und Gliederung

Es wird mit Zeilenabstand 1 (einzeilig) geschrieben.

Anschrift

Im Feld Anschrift wird die E-Mail-Adresse des Empfängers eingetragen.

Verteiler

Im Feld Verteiler werden die E-Mail-Adressen weiterer Empfänger aufgelistet.

Betreff

Im Feld Betreff wird stichwortartig über den Inhalt der E-Mail informiert. Der Betreff hat eine zentrale Bedeutung für die Bearbeitung und Verwaltung von E-Mails und ist unbedingt erforderlich

Anrede

Die Anrede ist ein fester Bestandteil. Sie beginnt an der Fluchtlinie und wird durch eine Leerzeile vom Text abgesetzt.

Text

Der Text wird mit einfachem Zeilenabstand als Fließtext ohne Worttrennungen erfasst, zwischen Absätzen steht eine Leerzeile.

Schluss

Der Abschluss einer E-Mail enthält den Gruß sowie Kommunikations- und Firmenangaben. Wichtig ist ebenfalls die E-Mail und/ oder Internet-Adresse.

> **Tipp**
>
> Beispiel für eine professionelle E-Mail-Signatur:
>
> **Peter Adams**
> Vertrieb International
>
> **Wolfgang Müller GmbH**
> Daimlerstraße 78
> 55543 Bad Kreuznach
> Tel.: +49 671 65432-0
> Fax: +49 671 65432-44
> **adams@mueller.de**
> **www.mueller-gmbh.de**

Tipps für den Abwesenheits-Assistenten

Sind Sie sicher, dass Ihre Geschäftspartner mit Ihrer Abwesenheitsnotiz etwas anfangen können? Stehen in der Notiz wirklich Informationen, die dem Empfänger weiterhelfen? Es reicht nicht, wenn der Empfänger liest, dass Sie nicht erreichbar sind. Er möchte auch eine Antwort auf seine Mail haben, wissen, wann Sie wieder zurück sind und auch einen Hinweis erhalten, an wen er sich in der Zwischenzeit wenden kann. Wichtig ist außerdem für ihn zu wissen, ob Sie Ihre E-Mails lesen, wenn Sie unterwegs sind oder ob Ihre E-Mails an einen Kollegen weitergeleitet werden.

Eine sinnvolle Nachricht könnte zum Beispiel so aussehen:

Vom ... bis ... bin ich in Urlaub/auf Geschäftsreise/nicht an meinem Arbeitsplatz. Ich lese meine E-Mails während dieser Zeit nicht/x-mal pro Woche. Bitte wenden Sie sich in dringenden Fällen an ... (Funktion des Ansprechpartners, Mail-Adresse, Telefon).

Oder:

Vom ... bis ... bin ich in Urlaub/auf Reisen/nicht an meinem Arbeitsplatz. Meine E-Mails werden weitergeleitet an ... (Funktion, Telefon).

Wenn Sie eine Messe besuchen, könnte die Abwesenheitsnotiz so aussehen:

Ich bin momentan nicht im Büro erreichbar, doch Sie können mich persönlich auf der ... messe in ... antreffen. Wir stellen aus in Halle ... , Stand ...

Wir freuen uns, wenn Sie vorbeischauen, ansonsten wenden Sie sich bitte an ... (Funktion des Ansprechpartners, Mail-Adresse, Telefon).

In Unternehmen mit internationalem Umfeld sollte die Abwesenheitsnotiz natürlich zusätzlich auch in Englisch formuliert sein.

12. Textbausteine und Musterbriefe für alle Fälle

Textbausteine

Absagen

Viele Absagen, dies wissen Sie sicher aus eigener Erfahrung, hinterlassen einen schalen Beigeschmack. Ihnen fehlt oft die Wertschätzung und Anerkennung. Wenn Sie eine Absage formulieren, sollten Sie Einfühlungsvermögen beweisen. Versetzen Sie sich als Sender der Absage in die Lage des Empfängers. Sachliche Gründe für die Absage trösten selten über die Enttäuschung hinweg. Sprechen Sie deshalb mit Ihren Argumenten auch die emotionale Seite an. Formulieren Sie freundlich und anerkennend. Versuchen Sie trotz Absage beim Leser einen guten Eindruck zu hinterlassen. Verzichten Sie unbedingt auf Negativformulierungen und auf Wörter, die diese Wirkung noch verstärken, wie „leider", „bedauerlicherweise", „unglücklicherweise". Verwenden Sie keine Floskeln wie zum Beispiel „Leider müssen wir Ihnen mitteilen, dass …" Beim Leser kommt sofort das Gefühl auf, dass er einen Standardbrief mit fertigen Textbausteinen in den Händen hält.

Gelungene Textbausteine:

- *Soeben erfuhr Herr Dr. Müller, dass er wegen eines unaufschiebbaren Geschäftstermins heute noch nach München reisen muss. Deshalb ist er gezwungen, die Einladung zu Ihrer Jubiläumsfeier kurzfristig abzusagen. Am Montag ist er jedoch wieder zurück. Er wird sich dann sofort bei Ihnen melden, um einen Termin zu vereinbaren, an dem er Sie besuchen kann. Vielleicht können Sie so im kleinen Kreis die Feier nachholen. Wir wünschen Ihnen einen unvergesslichen Abend mit Ihren Freunden und der Familie.*
- *Wie schade, dass ich nicht an eurem Einweihungsfest teilnehmen kann. Wie gerne hätte ich das große Ereignis mit euch gefeiert! Doch eine Geschäftsreise, die schon seit Wochen geplant ist, lässt sich so kurzfristig nicht mehr absagen. Sobald ich zurück bin, melde ich mich, damit wir einen Termin finden, an dem wir euer neues Heim bewundern können. Aufgeschoben ist nicht aufgehoben!*

Absagen an Bewerber

Sicher kennen Sie aus eigener Erfahrung das Gefühl, nach einem Bewerbungsschreiben eine Absage zu bekommen. Als Sender können Sie ganz entscheidend dazu beitragen, dass sich ein Bewerber nicht entmutigt fühlt und trotzdem Wertschätzung spürt:

- *Die Entscheidung ist zugunsten eines Mitbewerbers gefallen, der schon jahrelange Erfahrung im Bereich Druck- und Papierindustrie sammeln konnte. Dieser Aspekt hat für uns bei der Auswahl des Kandidaten höchste Priorität.*
- *Wir haben einem Bewerber den Vorzug gegeben, der schon in unserer Branche gearbeitet hat.*

Sie sollten unsere Entscheidung nicht auf Ihre persönliche Qualifikation beziehen.

- *Für die ausgeschriebene Position sind spezielle Kenntnisse im Bereich XY notwendig. Deshalb haben wir uns für einen Bewerber entschieden, der diese Voraussetzung erfüllt.*
- *Die außergewöhnlich professionelle Gestaltung Ihrer Bewerbung hat uns sehr gut gefallen. Deshalb fällt es uns besonders schwer Ihnen abzusagen. Wir können uns nur für Ihr Engagement bedanken.*
- *Ihre Bewerbung besticht vor allem durch die kreative Gestaltung, die bei uns einen sehr guten Eindruck hinterlassen hat.*

Wenn Sie die Unterlagen des Bewerbers behalten möchten, können Sie wie folgt formulieren:

- *Gerne notieren wir Ihr Interesse und melden uns bei Bedarf wieder.*
- *Wir hoffen, dass es in Ihrem Sinne ist, wenn wir Ihre Unterlagen vorerst behalten. Möglicherweise ergibt sich in naher Zukunft die Möglichkeit, dass in unserem Unternehmen eine Stelle zu besetzen ist, die genau zu Ihren Qualifikationen passt.*
- *Obwohl wir bei der Besetzung dieser Position nicht zusammenkommen können, haben wir Ihr Interesse an einer Stelle in unserem Hause vermerkt. Vielleicht bietet sich in Zukunft bei einer anderen Stellenaussschreibung eine neue Chance.*
- *Auch wenn wir Ihnen momentan keine passende Position bieten können, hoffen wir auf eine neue Gelegenheit in der Zukunft. Personalsituationen können sich heute sehr schnell verändern. Deshalb behalten wir gerne Ihre Unterlagen.*

Absage eines Kundentermins

Eine Absage an einen Kunden hinterlässt meist einen negativen Eindruck. Deshalb ist es in diesem Fall besonders wichtig, einfühlsam zu formulieren:

- *Da Herr Schneider eine dringende Geschäftsreise antreten muss, die sich heute kurzfristig ergeben hat, bittet er Sie um eine neue Terminvereinbarung. Wir schlagen den 14. oder 18. Juli vor.*
- *Herrn Schmitt ist es sehr unangenehm, dass er durch seine plötzliche Erkrankung den Termin mit Ihnen nicht wahrnehmen kann/absagen muss. Sobald er wieder gesund ist, wird er Sie sofort anrufen, um einen neuen Termin zu vereinbaren.*
- *Frau Meier ist plötzlich erkrankt und kann den Termin mit Ihnen nicht wahrnehmen. Wir danken für Ihr Verständnis und bitten Sie gleichzeitig um neue Terminvorschläge.*

Merke

Bei Absagen gilt grundsätzlich:

- Bieten Sie immer Alternativen an!
- Vermeiden Sie Negativformulierungen!
- Verzichten Sie unbedingt auf Floskeln! *(„Leider müssen wir Ihnen mitteilen, dass …“)*
- Legen Sie Wert auf persönlichen Stil!
- Nennen Sie gute Gründe, warum Sie absagen.
- Bedanken Sie sich für das Vertrauen des Bewerbers!
- Motivieren Sie mit konkreten Lichtblicken!

Anfragen

Eine schriftliche Anfrage vermittelt dem Empfänger stets Ihre Wertschätzung. Wie gewinnen Sie dabei seine Sympathie? Zum Beispiel, indem Sie ihm sagen, dass seine Produkte und der Service seines Hauses Ihnen durch einen Geschäftsfreund empfohlen wurden:

- *Herr Meier hat mich sehr neugierig gemacht auf Ihre Produkte xy…*
- *Herr Schulze, Geschäftsführer der Firma xy in München, hat mir mehr als einmal von seinen guten Erfahrungen mit Ihrem Service berichtet. Deshalb starte auch ich heute eine Anfrage über…*
- *Da Frau Schmitt besonders Ihre Serie xy gelobt hat…*
- *Durch das Vertrauen, das Ihnen Herr Dr. Sebastiany entgegenbringt,…*
- *Durch die überzeugende Empfehlung unseres Geschäftspartners, Herrn Molitor, sind wir auf Ihre Produkte xy aufmerksam geworden.*

Wenn Sie eine Anfrage starten, stellen Sie sich stets vor:

- *Wir sind ein modernes Unternehmen der Automatisierungstechnik. Unser Spezialgebiet ist …*
- *Wir sind Marktführer im Bereich … Erst vor wenigen Wochen haben wir die komplette Anlage xy mit unseren Komponenten ausgestattet.*
- *Unser junges und aktives Team konnte seine Zuverlässigkeit bereits unter Beweis stellen, als …*
- *Unsere Referenzliste überzeugt Sie sicher von unserem Qualitätsbewusstsein. Schon seit 30 Jahren sind wir der zuverlässige Partner von Unternehmen wie …*
- *Wir sind ein dynamisches Unternehmen mit hohen Zielen.*
- *Unseren Erfolg verdanken wir sicher zum großen Teil auch unseren engagierten Mitarbeitern und dem hohen Anspruch an unsere Qualität.*

Tipp

Wichtige Merkmale einer professionellen Anfrage:

- Beschreiben Sie das Produkt genau, für das Sie sich interessieren!
- Bitten Sie um Preisangabe!
- Fragen Sie nach Liefer- und Zahlungsbedingungen und dem geplanten Liefertermin!
- Bitten Sie um Referenzen!
- Bitten Sie um Informationsunterlagen und/oder einen Beratungsbesuch oder einen Anruf!

Bedanken Sie sich im Voraus für das Angebot:

- *Wir hoffen sehr, in Ihrem Katalog die passenden Produkte zu finden. Besten Dank im Voraus für Ihre Unterstützung!*
- *Herzlichen Dank schon vorab für Ihre Mühe.*
- *Schon heute bedanken wir uns für das Prospektmaterial. Sicher finden wir bei Ihnen das passende Produkt für unseren Event.*
- *Wir freuen uns sehr über ein Angebot und bedanken uns schon heute für die Mühe, die Sie sich mit der Recherche machen.*

Angebot

Beweisen Sie Kundenorientierung und Freundlichkeit. Bedanken Sie sich für das Interesse an Ihren Produkten/Dienstleistungen. So können Sie für das eigene Unternehmen werben:

- *Wir freuen uns, dass Sie so viel Gutes über unseren Service gehört haben.*
- *Besten Dank für Ihr Interesse an unserem Produkt xy.*
- *Schön, dass Sie sich für unsere Leistungen interessieren! Wir werden Sie sicher mit unserer Qualität überzeugen.*
- *Wenn Ihnen unser Angebot gefällt, senden wir Ihnen gerne die Muster zum Produkt xy.*

So sollten Sie nicht formulieren:
Wir freuen uns, Ihnen folgendes Angebot unterbreiten zu können:
Besser: *Gerne bieten wir Ihnen an:..*

Hat der potenzielle Kunde Fragen, sollten Sie diese im Detail beantworten:

- *Konnten wir alle Fragen beantworten? Rufen Sie uns an, wenn es noch weitere Punkte zu klären gibt.*
- *Herr Schmitt ruft Sie gerne am Montag an, um mit Ihnen die restlichen Fragen zu klären.*
- *Gerne beantworten wir Ihre Fragen zu unserem Angebot. Wir sind von 8–18 Uhr für Sie da.*

Ansprechpartner nennen

- *Bei Fragen wenden Sie sich bitte an ...*
- *Kompetent in Fragen rund um xy berät Sie Frau Schmitt*
- *Ihr persönlicher Ansprechpartner ist...*
- *Herr xy beantwortet gerne Ihre Fragen zu ...*

So nicht! Bitte keine Floskeln:

- *Sollten Sie noch Fragen haben, stehen wir Ihnen jederzeit gerne zur Verfügung.*

Dankschreiben

Ein persönliches Dankschreiben sollte handschriftlich verfasst sein. Sollte diese Zeit im Geschäftsleben nicht sein, verzichten Sie auf jeden Fall auf Floskeln und Textbausteine, die den Brief sofort als Serienbrief entlarven.

Danke für Glückwünsche und Geschenke:

- *Herzlichen Dank für Ihre guten Wünsche und den geschmackvollen Blumenstrauß zu unserem Geschäftsjubiläum. Wir haben uns sehr gefreut, dass Ihnen unser Fest so gut gefallen hat. Wir sind froh über die Gewinn bringende Zusammenarbeit, die uns schon seit vielen Jahren verbindet. Wir wünschen uns, dass wir diese Geschäftsbeziehung noch lange fortsetzen können.*
- *Besten Dank für Ihre guten Wünsche zu meinem runden Geburtstag. Mit Ihrer feierlichen Rede haben Sie mir eine große Freude gemacht. Auch Ihr großzügiges Geschenk hat auf meinem Schreibtisch einen Ehrenplatz gefunden.*
- *... Mit Ihren guten Wünschen für die Zukunft haben Sie mir Mut gemacht. Die letzten Jahre waren nicht einfach für mich, doch die vielen Gratulanten haben mir Anerkennung und neue Kraft gegeben.*

- *Endlich kam ich dazu, die vielen Glückwünsche in aller Ruhe zu lesen und für die schönen Geschenke einen guten Platz zu finden. Manches hat mich nachdenklich und besinnlich gemacht, anderes wiederum hat mich sehr erheitert. Ich danke Ihnen von Herzen!*
- *Vielen Dank an alle Gratulanten, die mich an diesem Tag so herrlich verwöhnt haben. Ich werde diesen Tag in besonderer Erinnerung behalten.*
- *Lieben Dank für die zahlreichen Glückwünsche zu meinem 60. Geburtstag. Gerne hätte ich allen persönlich gedankt, doch die Vielzahl macht es unmöglich.*

Danke für einen guten Service:

- *Vielen Dank für die prompte Lieferung. Auf Sie ist wirklich Verlass! Wir werden Sie weiter empfehlen.*
- *Mit Ihrem Service waren wir außerordentlich zufrieden. Wir freuen uns auf die weitere Zusammenarbeit.*
- *Wie schön, dass der Service so hervorragend geklappt hat. Wir danken für Ihre professionelle Organisation!*

Einladungen

Eine gute Einladung kommt als freundliche Geste an, sie vermittelt Anerkennung und weckt die Lust, die Einladung anzunehmen. Die Frage, in welcher Form eine Einladung verschickt werden soll, hängt davon ab, welchen Eindruck Sie hinterlassen möchten. Bei einer Einladung per E-Mail entsteht sicher nicht der Eindruck, dass es sich um eine besonders wertige Einladung handelt. Hält der Empfänger jedoch eine professionell und kreativ gestaltete Einladungskarte in Händen, fühlt er sich geehrt, diese Einladung zu erhalten.

Mögliche Textbausteine:

- *Sie sind herzlich eingeladen, mit uns dieses Ereignis zu feiern. Sie erhalten heute unser Veranstaltungsprogramm. Natürlich ist auch für das leibliche Wohl gesorgt. Außerdem erwartet Sie ein spannender Abendevent. Lassen Sie sich überraschen!*
- *Sind Sie dabei, wenn wir diesen besonderen Tag feiern? Wir laden Sie dazu ganz herzlich ein.*

So nicht: *Wir würden uns freuen, Sie am Tag der offenen Tür auf unserem Betriebsgelände begrüßen zu dürfen.*

Besser: *Wir freuen uns auf Ihren Besuch/ Ihre Zusage und auf interessante und anregende Gespräche.*

Checkliste Einladungen

Bei Einladungen gilt grundsätzlich:

- Die Überschrift und der Einstieg müssen Spannung erzeugen.
- Beschreiben Sie den Anlass der Einladung und informieren Sie über den Ablauf. Lenken Sie besondere Aufmerksamkeit auf den Punkt, der den Leser am meisten interessiert.
- Geben Sie immer organisatorische Daten an: Wann? Wo? Wer ist Kontaktperson? Gibt es Besonderheiten zu beachten? Unterkunft wo? Verpflegung?
- Geben Sie dem Empfänger die Gelegenheit, schnell und unkompliziert auf einer schon vorbereiteten Antwortkarte zu- oder abzusagen.

Entschuldigungen

Wenn als Geschäftspartner die Schuld bei Ihnen liegt, sollten Sie die Schuld eingestehen. Ein Kunde erwartet immer die Lösung seiner Probleme und keine Rechtfertigungen oder großartigen Erklärungen. Eine ehrlich gemeinte Entschuldigung nimmt der konfliktgeladenen Situation die Schärfe. Ist der Kunde Ihnen eine Kulanz wert, dann sind Entschuldigungen angebracht. Auch im Privatleben sind Entschuldigungen ein Zeichen dafür, dass dem Absender ein Vorfall Leid tut und er sich das Versäumnis zu Herzen nimmt.

- *Dieses Missverständnis ist für Sie sehr ärgerlich, bitte verzeihen Sie unseren Fehler.*
- *Bitte entschuldigen Sie, dass wir ...*
- *Wir bitten Sie, das Verhalten/den Vorfall/den Ausfall von/die späte Lieferung von ... zu entschuldigen.*
- *Hier ist uns ein Fehler unterlaufen, bitte entschuldigen Sie.*

Ehrlich währt am längsten: Entschuldigung für eine verspätete Antwort. Seien Sie offen und ehrlich, wenn Sie etwas vergessen haben. Das macht Sie sympathischer, als wenn Sie dem Empfänger mit Ausreden kommen:

- *Ich habe in den letzten Tagen nicht an Ihre Anfrage gedacht. Bitte entschuldigen Sie meine Vergesslichkeit. Um dies wieder gut zu machen, biete ich Ihnen auf die ersten beiden Positionen ein Sonderrabatt von 10 %.*
- *Bitte entschuldigen Sie vielmals, ich habe vergessen, dass Sie bis zum 18. Januar eine Antwort von mir benötigen.*
- *Ich muss gestehen, dass ich Ihr Schreiben übersehen habe. Das tut mir Leid, bitte entschuldigen Sie.*

Glückwünsche zum Firmenjubiläum

Gratulieren Sie einem Unternehmen oder einem Unternehmer zum Firmenjubiläum, sollten folgende Elemente in Ihrem Schreiben enthalten sein:

- Glückwunsch zum Anlass
- Anerkennung des Verdienstes
- Bezug auf gemeinsame Geschäftsbeziehungen
- Gute Wünsche für die Zukunft

- *Zu Ihrem 20. Geschäftsjubiläum unsere herzlichsten Glückwünsche! Gerne bedanken wir uns bei dieser Gelegenheit für die immer angenehme und vertrauensvolle Geschäftsbeziehung in den letzten Jahren.*
- *Wir freuen uns, dass wir Sie auf dem Weg Ihrer 30-jährigen Firmengeschichte ein Stück begleiten durften. Herzlichen Glückwunsch zum Jubiläum!*
- *Ihr Unternehmen genießt den Ruf der Zukunftsorientierung. Wir gratulieren zum 25-jährigen Jubiläum und wünschen Ihnen weiterhin die Energie, das Unternehmen in die richtige Richtung zu steuern!*
- *Ihr Unternehmen hat die Herausforderungen der Zeit angenommen und bestanden. Zu der Entwicklung Ihres Hauses gratulieren wir auf das Herzlichste!*

Das 75-jährige Bestehen eines Unternehmens feiern zu können, ist ein ganz besonderes Ereignis, zu dem wir Ihnen herzlich gratulieren!

Herzlichen Glückwunsch zum Erreichten und viel Energie für Ihre künftigen Projekte …

Unter Ihrer Leitung hat das Unternehmen einen gewaltigen Aufschwung erfahren. Sie tragen eine große Verantwortung für Ihre Mitarbeiter, denen Sie seit Jahren einen sicheren Arbeitsplatz bieten. Wir wünschen viel Kraft und Zuversicht, um Ihr wichtiges Schaffen noch viele Jahre fortsetzen zu können.

Wenn Sie heute auf die letzten 20 Jahre Ihrer Firmengeschichte zurückblicken, können Sie sicher sagen, das… Mein Glückwunsch zu Ihrem Jubiläum ist deshalb mit größter Anerkennung verbunden. Für die Partnerschaft, die uns seit Jahren verbindet, danken wir Ihnen und wünschen uns diese noch lange fortsetzen zu können.

Als Zeichen unserer Verbundenheit überreichen wir Ihnen …

Glückwünsche zum persönlichen Jubiläum:

Am ersten Januar gehören Sie 30 Jahre zu unserem Unternehmen. Wir danken für die jahrelange Treue und Ihre guten Ideen, die uns stets ein Stück weitergebracht haben.

Auf die weitere Zusammenarbeit freuen wir uns sehr und hoffen, dass Ihnen Ihre Energie und kreative Ader noch lange erhalten bleiben.

Wir wünschen uns, dass Sie noch viele Jahre Ihre Mitarbeiter mit Ihrem Motivationsgeist und Ihrer Offenheit Neuem gegenüber führen!

Mahnschreiben

Sicher haben Sie auch schon einmal eine Rechnung übersehen und zwar ganz ohne böse Absicht. In dieser Situation wären Sie sicher verärgert, wenn Sie eine unfreundliche Mahnung erhalten würden. Ein Mahnschreiben sollte höflich und dennoch bestimmt klingen. Die Geschäftsbeziehung darf auch im Fall einer Zahlungserinnerung nicht leiden.

Tipp

Vermeiden Sie spannungserzeugende Formulierungen und blieben Sie freundlich!

Vorschläge für Textbausteine:

Sicher ist es Ihrer Aufmerksamkeit entgangen, dass die Rechnung 2006/345 noch nicht beglichen ist. Wir bitten Sie um Zahlung in den nächsten Tagen. Besten Dank!

Dürfen wir Sie an die Bezahlung der Rechnung vom 2. Januar erinnern? Vielen Dank für Ihre Überweisung bis zum …

Ihren Auftrag haben wir gerne, schnell und pünktlich erledigt. Einen Zahlungseingang konnten wir bis zum 13. Januar noch nicht verbuchen. Bitte überweisen Sie den Betrag in den nächsten Tagen.

Im Stress des Alltags bleibt schon einmal etwas liegen. Haben Sie die Rechnung vom 2. April übersehen? Wir bedanken uns für die Zahlung bis zum…

- *Haben Sie in der Zwischenzeit die Rechnung Nr. xy bezahlt? Dann werfen Sie dieses Schreiben sofort in den Papierkorb. Wenn nicht, dann bitten wir Sie um Begleichung bis zum ...*

Negative Botschaften diplomatisch vermitteln

Mit negativen Botschaften wird immer das Selbstwertgefühl des Lesers berührt. Formulieren Sie deshalb immer diplomatisch. Dies führt dazu, dass eine Lösung zumindest angeboten wird. Der Leser bekommt ein Signal, dass von Ihrer Seite aus der Versuch gestartet wird, eine Konfrontation zu vermeiden. Probleme löst man durch Besprechen der Sachlage. Mit einem Brief können Sie symbolische Brücken schlagen.

Checkliste

Checkliste für das Formulieren von negativen Botschaften:

- Verzichten Sie auf emotionale Formulierungen!
- Versuchen Sie negative Botschaften neutral zu formulieren!
- Verzichten Sie auf jede Art der Provokation! Dies nutzt keinem der Beteiligten.
- Haben Sie einen Fehler gemacht? Dann gehen Sie am besten in die Offensive. Sie können schon die Überschrift als Entschuldigung formulieren.

- *Für Sie ist das sicher keine Lösung des Problems. Doch bitte verstehen Sie uns auch, denn zu diesem Zeitpunkt sind uns die Hände gebunden.*
- *Sicher sollten wir im Hinblick auf ein respektvolles Miteinander schnell und unkompliziert zu einer Lösung kommen. Was wir dazu tun können, ist... Welche Vorschläge haben Sie?*
- *In dieser Situation appellieren wir an Ihr Verständnis. Nach Abwägen aller Möglichkeiten bleibt uns momentan nichts als...*
- *Sie können sicher sein, dass wir alles versuchen werden, damit wir eine für beide Seiten akzeptable Lösung finden.*

Reklamationsbearbeitung

Ihr Geschäftspartner hat sich beschwert und Sie wollen ihn nun besänftigen. Auch hier steht das Fingerspitzengefühl wieder an erster Stelle. Ihr Kunde soll ein zufriedener Partner bleiben und wird sicher nach einer guten Lösung der Reklamation anderen davon berichten, wie Sie es verstanden haben, wieder Zufriedenheit herzustellen. Sehen Sie jede Reklamation als Chance und Herausforderung. Sie können in diesem Fall Ihre Kundenorientierung beweisen. Bedenken Sie: Erst durch Rückmeldungen von Kunden und Geschäftspartnern erkennen Sie Ihr Optimierungspotenzial. Deshalb sollten Sie konstruktive Kritik stets als etwas Positives sehen!

Mögliche Textbausteine: Zeigen Sie zunächst Verständnis für die Situation

- *Es tut uns Leid, dass Sie durch unser Versäumnis Terminprobleme hatten.*
- *Wir verstehen Ihren Ärger. Bitte geben Sie uns eine kurze Bearbeitungszeit, um den Fehler wieder gutzumachen.*

- *Wir verstehen, dass Sie ärgerlich sind, und tun alles, um schnell zu einer Lösung zu kommen.*
- *Wir verstehen Ihre Situation und setzen alles daran, Sie als zufriedenen Kunden zurückzugewinnen.*
- *Wir bedauern sehr, dass es zu diesen Schwierigkeiten gekommen ist/dass Sie mit unseren Dienstleistungen/Produkten nicht zufrieden waren.*

Bedanken Sie sich für den Hinweis des Geschäftspartners:

- *Danke, dass Sie uns auf unser Versäumnis hingewiesen haben. Das gibt uns die Chance, unseren Service zu verbessern.*
- *Es ist wichtig für uns, dass Sie uns auf den Fehler aufmerksam gemacht haben. Vielen Dank für Ihren Hinweis!*
- *Sie haben mit Ihren Hinweisen erheblich zur Qualitätssicherung unserer Produkte beigetragen. Dafür danken wir Ihnen.*
- *Durch Ihre Aufmerksamkeit haben wir einen Fehler entdeckt, der uns bisher entgangen war.*
- *Wir konnten den Fehler beheben, auf den Sie uns aufmerksam gemacht haben. In Zukunft werden wir Sie wieder nach Ihren Wünschen bedienen!*
- *Sie haben vollkommen Recht mit Ihrer Reklamation. Die Abteilung xy kümmert sich bereits um eine Lösung./Die Lösung der Angelegenheit hat für uns oberste Priorität.*

Bei einer Reklamation sollten Sie dem Kunden immer zeigen, was Sie bereits unternommen haben:

- *Sofort haben wir mit unserer Produktionsleitung gesprochen. Sie erhalten die Ware am 12. Januar per Kurier.*
- *Wir sagen Ihnen die Lieferung bis spätestens 15. September zu. Gleichzeitig bemühen wir uns um einen früheren Termin.*
- *Den endgültigen Vertrag können wir Ihnen bis zum Ende des Monats garantieren.*

Bei längerer Bearbeitungszeit sollten Sie dem Geschäftspartner immer einen Zwischenbescheid zukommen lassen. So zeigen Sie, dass Sie dabei sind, etwas zu tun, und Sie gewinnen dadurch Zeit für die Bearbeitung:

- *Bitte haben Sie dafür Verständnis, dass wir Ihnen erst in KW 25 eine definitive Lösung anbieten können. Wir benötigen noch etwas Zeit für die Recherche.*
- *Sie verstehen sicher, dass wir die Angelegenheit nicht unter Zeitdruck entscheiden wollen. Deshalb bitten wir Sie um Geduld bis zum ...*
- *Um die Einzelheiten genau zu prüfen, benötigen wir Zeit bis zum ...*
- *Die Sache hat für uns oberste Priorität. Allerdings möchten wir nicht überstürzt reagieren. Daher bitten wir Sie, uns für einen Lösungsvorschlag noch eine Woche Zeit zu geben.*

So setzen Sie „weiche“ Termine:

- *bis Ende des 2. Quartals*
- *in KW 19*
- *bis Anfang nächster Woche*

Nach Abschluss der Reklamation sollten Sie die Zufriedenheit des Kunden prüfen:

- *Wir freuen uns über weitere Anregungen zu unseren Leistungen.*
- *Ihre Zufriedenheit ist wichtig für uns. Bitte lassen Sie uns wissen, wo Sie noch unsere Hilfe benötigen.*
- *Sind Sie zufrieden mit der Lösung? Können wir noch etwas für Sie tun?*

Gute Wünsche zum Ruhestand

Mögliche Textbausteine:

- *Sie sind wirklich zu beneiden – für Sie beginnt heute ein neuer Lebensabschnitt mit viel Zeit für Ihr Privatleben und Ihre Familie.*
- *Wir hoffen, dass sich unsere Wege auch noch außerhalb der Werksgrenzen kreuzen …*
- *„Glückliche Menschen gehen in ihrer Arbeit auf, niemals unter. Dieses Motto hat Sie all die Jahre immer begleitet." …*
- *Der Abschied vom Arbeitsleben ist immer ein Anlass zurückzublicken, sich an Erreichtem zu freuen und für die Zukunft neue Pläne zu schmieden.*
- *Ruhestand oder Unruhestand? Ich wünsche Ihnen von beidem etwas, denn auch wenn es nun weniger hektisch zugeht, wäre es schade, wenn Sie mit Ihrer Lebensfreude und Energie nicht noch neue Herausforderungen annehmen würden.*
- *Besten Dank für die vertauensvolle Zusammenarbeit. Möge Ihr neuer Lebensabschnitt für Sie und Ihre Familie eine ganz besonders wertvolle Zeit werden.*

Weihnachtspost und Neujahrsgrüße

Alle Jahre wieder steht das Schreiben von Weihnachtspost auf dem Programm. Für viele eine lästige Pflicht. Meist zieren die Weihnachtskarten die gleichen Formulierungen. Bei der Vielzahl der Weihnachtswünsche sollten Ihre aus dem Rahmen fallen, damit Sie wirklich als Image-Gewinn gelten. Mit einem schön und kreativ gestalteten Weihnachtsgruß können Sie Ihre Empfänger auch emotional erreichen. So tragen Sie entscheidend dazu bei, dass Ihre Weihnachtspost zur gelungenen PR-Aktion für Ihr Unternehmen und Sie selbst wird:

- *Für ein weiteres Jahr guter Partnerschaft sagen wir herzlich danke. Bleiben Sie gesund und kommen Sie gut ins neue Jahr. Fröhliche Weihnachten und alles erdenklich Gute wünscht Ihnen …*
- *Viel Freude und Erholung an den Weihnachtstagen wünschen … Mögen alle Ihre Vorhaben im neuen Jahr gelingen. Wir unterstützen Sie gerne dabei!*
- *Weihnachtszeit – Zeit, einmal innezuhalten, Zeit, um neue Ziele anzusteuern. Dazu wünschen wir Ihnen Glück und Erfolg.*
- *Stressfreie Weihnachtstage und viel Glück und Gesundheit im neuen Jahr wünschen Ihnen …*
- *Wir freuen uns auf neue herausfordernde Projekte im neuen Jahr und wünschen Ihnen einen guten Start in 2007!*
- *Ein herzliches Danke für die faire Partnerschaft und Ihr Vertrauen. Wir freuen uns auf neue Aufgaben mit Ihnen und gemeinsame Erfolge. Schöne Weihnachtstage, Glück und Gesundheit im neuen Jahr wünschen Ihnen …*

Musterbriefe:
Briefbausteine zu besonderen Anlässen:

Geplante Zusammenarbeit

Guten Tag, Herr Dr. Meier,

besten Dank für Ihre Einladung nach Mannheim. Gerne besuchen wir Sie am

Freitag, dem 21. August 2007, um 14:30 Uhr

in der Königsberger Allee. Bitte reservieren Sie für Herrn Dr. Beutner und seinen Assistenten, Herrn Jäger, zwei Einzelzimmer in Firmennähe.

Die Reservierungsbestätigung des Hotels lassen Sie uns bitte per E-Mail zukommen.

Herzlichen Dank für Ihre Unterstützung!

Herr Dr. Beutner ist offen für Ihre Vorschläge zu den Agendapunkten und freut sich schon heute auf erfolgreiche Gespräche.

Freundliche Grüße nach München

i. A. Petra Nebel
(Sekretariat Dr. Beutner)

Abbildung 14: Brief Besuchsanmeldung

Guten Tag, Frau Kegel,

für Ihre guten Wünsche und den geschmackvollen Blumenstrauß zu meinem Jubiläum sage ich ganz herzlichen Dank. Sie haben mir damit eine große Freude bereitet.

Ich konnte das schöne Fest mit meinen Freunden und Bekannten sehr genießen. Es dauerte bis in die frühen Morgenstunden und alle haben sich sehr gut amüsiert.

Ihr Strauß steht auf meinem Schreibtisch und ich hoffe, dass er mir noch ein paar Tage erhalten bleibt.

Herzliche Grüße nach Kiel

Ilona Kramer

Abbildung 15: Dank für Geschenke

Guten Tag, Herr Schneider,

über Ihre guten Wünsche zu meinem Geburtstag habe ich mich sehr gefreut und ich danke Ihnen herzlich.

Nun stehe ich in der Mitte des Lebens und ich ziehe nachdenklich Bilanz. Je älter ich werde, umso wichtiger werden gute Freunde und Geschäftspartner, die mich schon viele Jahre auf meinen Wegen begleitet haben.

Auch wir beide kennen uns nun schon einige Jahrzehnte, waren uns gegenseitig stets gute Ratgeber und ich fühle mich Ihnen sehr verbunden.

Mit herzlichem Dank

Peter Weber

Abbildung 16: Dank für Glückwünsche

Sehr geehrte Frau Hepp,
(oder „Liebe Frau Hepp" – das hängt vom Umgangston des Unternehmens ab)

heute genau vor 25 Jahren übernahmen Sie die Verantwortung für die Abteilung Marketing. Es war Pionierarbeit, die Sie in den ersten Jahren geleistet haben, denn unser Unternehmen war noch neu auf dem Markt und Sie mussten erst einmal die Ärmel hochkrempeln.

Sie haben Ihre Mitarbeiter nicht nur motiviert, sondern begeistert, mit Ihnen neue Wege zu gehen. Wir danken Ihnen für Ihr außerordentliches Engagement und Ihr Durchhaltevermögen, auch wenn es manchmal schwierig war, die Pessimisten eines Besseren zu belehren.

Heute überreichen wir Ihnen als Dank für Ihre Treue und den unermüdlichen Einsatz einen Reisegutschein für zwei Personen nach Rom in die ewige Stadt – ein Wunsch, den Sie sich schon lange erfüllen wollten.

Wir freuen uns auf eine weiterhin erfolgreiche Zusammenarbeit

Dr. Peter Meier
Geschäftsführer

Abbildung 17: Dank an langjährige Mitarbeiterin

Checkliste

- In Texten, in denen es vor allem um Würdigung geht, sollten Sie das Aufzählen von Lebens- und Arbeitsdaten auf ein Minimum reduzieren. Die Daten sind ohnehin bekannt.
- „Würdigen" heißt, Leistungen honorieren.
- Beschreiben Sie Stimmungen und Entwicklungen bis zum heutigen Tag.

Zukunft braucht Vergangenheit:
Bader & Co. – 50 Jahre Erfolgsgeschichte

Guten Tag, Herr Mustermann,

seit 1957 steht Bader & Co. in Minden für höchste Qualität im Büromöbeldesign.

Mit der Einweihung des neuen Gebäudes am 7. Juli 2007 stellen wir die Weichen für die Zukunft: Wir schaffen damit die Voraussetzung, dass Bader & Co. am Standort Minden weiterhin erfolgreich mit motivierten Mitarbeitern die Zukunft gestalten kann.

Sie sind herzlich eingeladen, dieses Ereignis mit uns zu feiern. Der Tag bietet Ihnen neben fachlichen Informationen, Präsentation des neuen Gebäudes, der feierlichen Schlüsselübergabe auch alles für das leibliche Wohl. Lassen Sie sich überraschen!

Wir freuen uns auf Ihren Besuch!

Beste Grüße

Dr. Franz Weiner — ppa. Dr. Gunther Schmitt
Geschäftsleitung — Leitung Marketing

Abbildung 18: Einladung zur Einweihungsfeier

Ihre neue Küche – Modell „Madrid"
Ihre Bestellung vom 3. April 2007

Guten Tag, Frau Prediger,

Sie wissen, dass wir einen hohen Qualitätsanspruch an uns selbst haben – und Qualität braucht manchmal etwas mehr Zeit. Von dieser Qualität profitieren Sie auch als Kunde.

Unser Lieferant der Küchenserie „Madrid" hat uns gestern informiert, dass durch Personalengpässe die Lieferung erst Anfang September erfolgen kann, da die meisten Schränke Ihrer Wunschküche in der eigenen Schreinerei handgearbeitet werden.

Sollte Ihnen die Änderung des Liefertermins Schwierigkeiten bereiten, rufen Sie uns bitte an. Wir werden dann gemeinsam eine Lösung finden.

Beste Grüße nach Mainz

ppa. Reiner Müller

Abbildung 19: Änderung des Liefertermins

Meier & Brandner stellt sich vor
Ihre Anfrage vom 2. August

Guten Tag, Frau Schmitt,

besten Dank für Ihr Interesse an unserem Lieferprogramm. Vor Ihnen liegt nun unser Katalog „Exquisite Gartenmöbel". Schauen Sie ihn in Ruhe an und melden Sie sich, wenn Sie Fragen haben.

Wir sind von Montag – Freitag von 8:30 Uhr bis 20:00 Uhr für Sie da. Gerne vereinbaren wir mit Ihnen einen Beratungstermin vor Ort, dann können Sie die verschiedenen Möbel in unserer Ausstellung „live" bewundern.

Viele Grüße nach Freinsheim

i. V. Gerda Meier
Abteilungsleitung

Abbildung 20: Unterlagenversand

Guten Tag, Herr Dr. Seifert,

eigentlich ist der Brief nicht für Sie, sondern für Ihre Frau. Der Inhalt wird sie sicher interessieren.

Vielleicht weiß sie noch nicht, dass sie Lingerie von Weltmarken wie Millesia, Cervin, Cadolle etc. ganz in der Nähe erwerben kann. Gerne zeigen wir Ihrer Frau in unserer Heidelberger Boutique „Raffinesse“ erlesene Dessous aus Frankreich und Italien. Unser geschultes Personal beantwortet bei einem Espresso oder einem Glas Champagner ihre Fragen und diskutiert mit ihr über so wichtige Themen wie „Kosten-Nutzen-Analysen“ und „Werbestrategien“ aus weiblicher Sicht.

Selbstverständlich beraten wir auch Sie, wenn Sie ein exquisites Geschenk für Ihre Frau suchen.

Wir freuen uns auf Ihren Besuch bei „Raffinesse“!

Freundliche Grüße

Abbildung 21: Werbebrief

Sehr geehrter Herr Klein,

der plötzliche Tod von Herrn Heil ist für Sie wie für mich kaum zu begreifen. Ich habe noch vor wenigen Tagen mit ihm telefoniert, wobei mir wieder klar wurde, wie professionell wir im Projekt … zusammenarbeiten.

Ich trauere persönlich um Herrn Heil, denn er war für mich nicht nur ein kompetenter Geschäftspartner, sondern auch ein Mensch, dem ich vertrauen konnte.

Ihr Unternehmen wird den Verlust nicht so einfach überwinden können. Ich werde ihn nicht vergessen und seinen fachkundigen Rat sehr vermissen.

In tiefer Verbundenheit

Abbildung 22: Kondolenzbrief

Identsystem für Gabelstapler
Ihr Gespräch mit Herrn Schmitt am …

Guten Tag, Herr Dr. Groß,

besten Dank für das konstruktive Gespräch über die optimale Identifikation am letzten Dienstag.

Dabei hat Ihnen Herr Schmitt unser Identsystem als Lösung für Ihren Anwendungsfall vorgestellt. Heute erhalten Sie unser Angebot über die besprochenen Einzelkomponenten:

-
-
-

Besonders die … sind berücksichtigt.

Haben wir Ihre Anforderungen erfüllt?

Herr Schmitt meldet sich in KW …, um mit Ihnen das weitere Vorgehen zu besprechen.

Freundliche Grüße nach München

Abbildung 23: Angebot

Ihre neuen Sonderpreise für 2007

Guten Tag, Herr Strasser,

das Jahr 2006 geht zu Ende – herzlichen Dank für die partnerschaftliche und faire Zusammenarbeit.

Auch im nächsten Jahr erhalten Sie auf bestimmte – für Sie wichtige – Produkte Vorzugspreise, die Sie bitte der Anlage entnehmen.

Schon heute informieren wir Sie über eine generelle Preisanpassung von durchschnittlich + 2,9 % zum 1. Januar 2007.

Ihnen und Ihrer Familie eine schöne Zeit und die besten Wünsche für das neue Jahr.

Viele Grüße aus Freiburg

i. V. Peter Kramer   i. A. Helena Pryslak

PS: Die allgemeine Preisliste 2007 ist schon zu Ihnen unterwegs!

Anlage

Abbildung 24: Sonderpreis

Kondolenz

Kondolenzbriefe gehören zu den schwierigsten Formulierungsaufgaben. Es gilt den guten Mittelweg zwischen angemessener Zurückhaltung und menschlicher Anteilnahme zu finden.

Merke

Beachten Sie bei der äußeren Form:

- kein Anschriftenfeld, kein Fensterumschlag, sondern geschlossener Umschlag und Briefmarke!
- Bringen Sie Ihre ganz individuelle Betroffenheit zum Ausdruck!
- Informieren Sie sich vorher über die Umstände des Todes.
- Vermeiden Sie übertriebene Lobeshymnen!
- Verzichten Sie auf antiquierte Formulierungen wie „Trauerhaus" in der Anschrift, wählen Sie besser: „Famile Herzog" oder „Frau Elisabeth Herzog und Kinder".
- Ziehen Sie den Privatbriefbogen der Trauerkarte vor.

Ein Beileidsbrief sollte immer an eine bestimmte Person gerichtet sein. Die Anrede „Sehr geehrte Damen und Herren" wirkt zu unpersönlich. Besteht ein persönlicher Kontakt, sollten Sie einen handgeschriebenen Brief verschicken.

Vermeiden Sie Floskeln wie zum Beispiel *„Wir werden ihm stets ein ehrendes Andenken bewahren"*.

Checkliste

Aufbau eines Beileidsschreibens:

- Anteilnahme/Empfindungen beim Erhalt der Nachricht
- Würdigung der Person und ihrer Leistungen
- Rückblick auf Begegnungen oder Geschäftskontakte
- Tröstliche Aspekte, zum Beispiel die Wertschätzung der Kollegen
- Gruß (kann entfallen)
- Mögliche Grußformeln: mit tiefem Mitgefühl/in Verbundenheit

Briefbausteine Kondolenz

Der gute Einstieg:

- *Zuletzt habe ich Herrn ... im April dieses Jahres auf der Hannover Messe getroffen. Er war wie immer voller Pläne. Ich konnte damals nicht ahnen, dass es die letzte Begegnung mit ihm sein würde.*
- *Das Unglück, das Sie und Ihre Familie getroffen hat, geht mir sehr nahe. Mir ist bewusst, dass kein Wort und keine Geste Sie im Augenblick trösten kann.*
- *Ich fühle mich Ihnen in diesem Augenblick näher als in all den Jahren, in denen wir uns schon kennen.*
- *Wir wissen, wie viel Ihnen Ihr geliebter Mann bedeutet hat und mit wie viel Liebe Sie ihn in den letzten Wochen seiner Krankheit betreut haben. Wir haben stets Ihre tapfere Haltung bewundert.*
- *Zum überraschenden Tod Ihres Mannes versichern wir Ihnen unser tiefstes Mitgefühl. Vom Tod Ihres Mannes haben wir mit Bestürzung erfahren.*
- *Mit der Nachricht vom Tode Ihres Mannes ist uns bewusst geworden, wie schmerzlich dieser Einschnitt für Sie sein muss.*

Hauptteil:

- *Mit Ihnen trauern wir um eine außergewöhnliche Persönlichkeit, die wir nie vergessen werden.*
- *Es fällt uns schwer, an eine Zukunft ohne ihn zu denken.*
- *Wir werden ihn nicht vergessen und seinen fachkundigen Rat sehr vermissen.*
- *Mit seiner Begeisterung und Freude an der Arbeit war er immer ein Vorbild für uns. Besonders in schwierigen Zeiten zeigte er Durchsetzungsvermögen und verlor niemals das Ziel aus den Augen.*
- *Er war für uns nicht nur ein kompetenter Partner, sondern auch ein Mensch, dem wir vertrauen konnten.*
- *Wir haben Ihren Mann als verständnisvollen Kollegen und kompetenten Vorgesetzten geschätzt.*

Schluss:

- *Wir wünschen Ihnen etwas von der Lebenskraft, die er uns in den letzten Jahren geschenkt hat.*
- *Das kostbarste Vermächtnis eines Menschen ist die Spur, die seine Liebe in unseren Herzen hinterlässt. In diesem Sinne wünschen wir Ihnen viel Kraft für die Zukunft.*
- *Ich wünsche Ihnen viel Kraft für die nächste Zeit. Sollten Sie in irgendeiner Form Hilfe benötigen, so wenden Sie sich bitte vertrauensvoll an mich.*
- *Unsere Gedanken sind bei Ihnen ...*
- *Ich wünsche Ihnen alle Kraft, die Sie jetzt brauchen.*
- *Ich kann Ihnen nur wünschen, dass Sie Menschen um sich haben, die Ihnen Halt geben und deren Unterstützung Ihnen ein wirklicher Trost ist.*

Geeignete Schlussformeln:

- *Es fühlt mit Ihnen*
- *Wir trauern mit Ihnen*
- *In tiefer Verbundenheit*
- *In tiefem Mitgefühl*

Geburtstag

Als eine besondere Aufmerksamkeit gilt es, Geschäftspartnern zum Geburtstag zu gratulieren. Das festigt Kontakte und ist ein gutes Mittel, um Sympathie zu werben. Im Bewusstsein Ihres Lesers prägen Sie sich einmal mehr als zuverlässiger Partner ein.

Es gilt das Motto:
Je persönlicher desto besser!

Generell gilt:
Ein Geburtstagsgruß wirkt in handgeschriebener Form persönlicher. Doch im Geschäftsleben hat sich mehr und mehr die maschinengeschriebene Form durchgesetzt. Kurze Texte sollten Sie 1,5 zeilig schreiben.

Vorsicht! *Vermeiden Sie Phrasen, wie zum Beispiel: „möchten wir es nicht versäumen zu Ihrem Wiegenfeste zu gratulieren", „reihen wir uns in die Schar der Gratulanten ein",*

Beachten Sie:

- Gratulationsbriefe werden auf Geschäftspapier ohne Anschriftenfeld, Bezugszeile, Bankenverzeichnis und Produktwerbung geschrieben. Die Adresse entfällt. Der Brief startet mit der Anrede.
- Schreiben Sie das Datum des eigentlichen Geburtstages, gleich an welchem Tag Sie das Schreiben absenden. Schöner sieht es aus, wenn Sie das Datum ausschreiben: 14. Januar 2007

Mögliche Bausteine:

- *Wir haben gehört, Sie lieben Rosen über alles. Deshalb überreichen wir heute diesen Strauß und hoffen, dass Sie viel Freude damit haben werden.*
- *Erhalten Sie sich Ihre Gelassenheit und die Fähigkeit, auch in hektischen Zeiten einen kühlen Kopf zu bewahren.*
- *Viele glückliche Augenblicke für das nächste Lebensjahr wünscht...*
- *Was uns die Zukunft bringt, wissen wir nicht. Wenn wir die Erfahrungen aus der Vergangenheit nutzen, die Herausforderungen der Gegenwart annehmen, dann sind wir gerüstet für die Zukunft. Viel Glück und Erfolg für das neue Lebensjahr!*
- *Für die Bewältigung der Herausforderungen der nächsten Jahre wünschen wir Ihnen eine glückliche Hand.*
- *Mit Ihrem Humor und Ihrer enormen Tatkraft haben Sie dieses beneidenswerte Alter erreicht – bleiben Sie so, wie Sie sind.*

Runder Geburtstag: (zum Beispiel 50)
In der Mitte des Lebens zieht man gerne Bilanz, schaut zurück auf das Erreichte und legt neue Ziele für die Zukunft fest. Für die zweite Hälfte wünschen wir Ihnen noch viele Entdeckungen ...

Nehmen Sie die Jahreszahl zum Anlass:
Mit 19 ist eine Frau entzückend,
mit 29 ist eine Frau bewundernswert,
mit 39 ist eine Frau unwiderstehlich – und älter als 39 wird keine Frau, die einmal unwiderstehlich war.

Spielen Sie auf besondere Charaktereigenschaften an:
„Wenn du langsamer fährst, dann siehst du mehr“ – wir wünschen Ihnen für das nächste Lebensjahr alle Ruhe und Muße, die Sie sich wünschen. Vielleicht bringt Sie unser kleines Präsent, „Die Kunst des süßen Nichtstuns“ auf neue Gedanken ...

Beziehen Sie sich auf das Hobby des Geburtstagskindes: Recherchieren Sie bei den Kontaktpersonen im Unternehmen oder im Umfeld des Kunden:

Beim Segelfan: *Fehlt's am Winde, greif zum Ruder...* ***oder****: Ich wünsche Ihnen immer eine Handbreit Wasser unterm Kiel, Wind in den Segeln und eine freundliche Sonne über sich.*

Beim Golfer: *Ich wünsche Ihnen immer eine treffsichere Hand auf dem Platz, aber keine Handicaps im geschäftlichen Leben.*

Bei einem PC-Freak: *Möge Ihre Festplatte jedem Virus standhalten. Vergessen Sie nicht Ihr regelmäßiges Back-up.*

Bei einem Angler: *Petri Heil wünschen wir Ihnen und dass es Ihnen gelingt, auch geschäftlich den „dicken Fisch" an Land zu ziehen.*

Bei einem Tennisspieler: *Spiel, Satz und Sieg wünschen wir auf dem Platz und bei allen Vorhaben im nächsten Lebensjahr.*

Für den Fotofreund: *Mögen Sie immer ein schönes Motiv vor dem Objektiv haben und sich die nächsten Jahre glücklich für Sie entwickeln.*

Hochzeit

Ein Firmenschreiben zu einer Hochzeit sollte Freude ausdrücken. Vermeiden Sie gute Ratschläge und tiefsinnige Gedanken. Wählen Sie zeitgemäße Worte wie „Hochzeit" oder „Heirat" und nicht „Vermählung". In der zeitgemäßen Form kann man die Anrede „Brautpaar" oder „Eheleute" in der Anschrift weglassen, wenn beide Vornamen bekannt sind.

Schreiben Sie:
Ingrid und Helmut Müller

Die Adresse erscheint nicht auf dem Briefbogen. Der Brief beginnt mit der Anrede.

Stellen Sie zum Beispiel Ihr Schreiben unter ein Motto:
Die Ehe ist die kleinste Form des Teams.

Oder verwenden Sie ein Zitat:

- Die Liebe lebt von liebenswürdigen Kleinigkeiten (Theodor Fontane).
- Liebe ist eine unheilbare Krankheit, aber wer daran leidet, wünscht nicht zu gesunden (Aus dem Arabischen).

Schicken Sie ein Geschenk, erwähnen Sie es im Glückwunschschreiben:
Wir wissen, dass Sie beide gerne ein gutes Gläschen Rotwein trinken. Genießen Sie die edlen Tropfen in aller Ruhe, wenn Sie von der Hochzeitsreise zurück sind – als Auftakt für einen gelungenen Ehealltag.

Humor kann auch angebracht sein:
Auch die Ehe braucht ab und zu eine neue TÜV-Plakette. Vergessen Sie deshalb den regelmäßigen Check-up nicht.

Hier noch einige Textbausteine:

- *Romantische Flitterwochen sollen der perfekte Start für Sie beide in das Unternehmen Ehe sein.*
- *Eine lebendige, glückliche und stabile Partnerschaft wünschen wir Ihnen. Alles Gute für eine gemeinsame Zukunft wünscht:*
- *Wir wünschen Ihnen ein rauschendes Fest, das Sie und Ihre Gäste noch lange in Erinnerung behalten.*
- *Ich wünsche Ihnen, dass Ihr Hochzeitstag für Sie zu einem wunderschönen Erlebnis wird und sich alle Erwartungen, die Sie damit verbinden, in einer dauerhaften, glücklichen Ehe für Sie erfüllen.*

Ich wünsche Ihnen einen schönen Hochzeitstag, gut gelaunte Gäste, Geschenke, die Ihnen Freude bereiten und herrliche, erlebnisreiche Flitterwochen.

Genesungswünsche

Ist ein Mitarbeiter krank oder verletzt, freut er sich, wenn die Kollegen an ihn denken und auch zeigen, dass seine Arbeit vermisst wird. Für ihn ist nette Post von Kollegen eine schöne Abwechslung.

Sie fehlen uns. Wir denken oft an Sie und können uns vorstellen, wie Sie sich auf Ihren ersten Arbeitstag freuen. Denn wir wissen alle, wie engagiert Sie sich im Projekt ... eingebracht haben. Die Kollegen freuen sich schon auf Ihre tatkräftige Unterstützung.

Wir denken an Sie und hoffen, dass unser bunter Blumenstrauß Ihnen Freude macht.

Wir freuen uns auf den Tag, an dem Sie wieder mit Ihrer Tatkraft und Energie das Team ... unterstützen. Wir vermissen Sie und sprechen oft von Ihnen. Haben Sie viel Freude mit den Büchern, die wir für Sie zusammengestellt haben.

13. Aktiver und passiver Wortschatz

Wer ansprechende Korrespondenz gestalten möchte und lebendig formulieren will, sollte gezielt seinen Wortschatz erweitern. Kennen Sie den Unterschied zwischen aktivem und passivem Wortschatz? Ihr aktiver Wortschatz umfasst die Wörter, die Ihnen einfallen, wenn Sie sprechen oder schreiben. Ein Deutscher verfügt im Durchschnitt über etwa 8.000 Wörter. Das ist zu wenig für einen kreativen Schreibstil. Für das geschriebene Wort benötigen Sie einen erheblich größeren Wortschatz.

Im passiven Wortschatz schlummern Wörter, die Sie zwar kennen und verstehen, die Ihnen aber nicht sofort einfallen, wenn Sie sprechen oder schreiben. Es handelt sich dabei um rund 16.000 Wörter! Beim Schreiben können Sie, anders als beim Sprechen, diese Wörter gezielt nutzen und so Ihre Texte abwechslungsreicher gestalten.

Wie und wo können Sie Ihren Wortschatz erweitern?

- Schlagen Sie Wörter, die Sie häufig verwenden, einfach einmal im **Synonymwörterbuch** nach. Sie werden staunen, welche alternativen Formulierungen Sie dort finden.

Tipp

- Wörterbuch „Sag es treffender" von A. M. Textor
- Duden-Synonymwörterbuch („Sinn- und sachverwandte Wörter", Duden Nr. 8).

- Verwenden Sie **„Thesaurus"** in Textverarbeitungsprogrammen. Der Ausdruck „Thesaurus" stammt aus dem Griechischen („thesauros für Schatz, Schatzhaus").

Beispiel:
Thesaurus bietet Ihnen in „Word" für das Adjektiv „kreativ" folgende Alternativvorschläge:

schöpferisch, einfallsreich, erfinderisch, ideenreich, geistreich, künstlerisch, originell, phantasievoll, produktiv, genial

Weiteres Beispiel:
In Werbetexten finden Sie sehr häufig das Wort „interessant". Dieses Adjektiv ist ziemlich abgegriffen, nicht sehr aussagekräftig und bewirkt keine Emotion beim Leser.

Wie empfinden Sie folgende Alternativwörter?
anziehend, außergewöhnlich, kennzeichnend, kurzweilig, nützlich, wichtig, attraktiv, toll, gewinnend, sympathisch, angenehm, ungewöhnlich, ausgefallen, außerordentlich, exzeptionell, erstaunlich, überraschend, umwerfend, abenteuerlich, Aufsehen erregend, bedeutsam, unverkennbar, spezifisch, typisch, charakteristisch, unterhaltend, abwechslungsreich, reizvoll, packend, lohnend

Auch wenn nicht jedes dieser Synonyme in den jeweiligen Textzusammenhang passt, können Sie das Wort auswählen, das Ihre

Aussage besonders treffend oder bildhaft wiedergibt.

- Eine weitere unerschöpfliche Quelle für Synonyme sind **Lexika wie „wikipedia.de" im Internet.**

Den Wortschatz zu erweitern, kann sehr viel Spaß machen. Der anfängliche Mehraufwand macht sich nach kurzer Zeit bezahlt, denn wer sich gewandter ausdrückt, demonstriert eine größere „geistige Fitness".

Noch ein Tipp, der Ihre Kreativität fördert: Checken Sie unbedingt den Standort Ihres Schreibtisches! Es kann sein, dass Sie eine Schreibblockade haben, wenn Ihr Schreibtisch zum Beispiel vor einer Wand steht. Wenn Sie nach Wörtern suchen, brauchen Sie Inspirationen – Sie müssen den Blick schweifen lassen können, den Gedanken freien Lauf lassen. So kommen Sie auf andere Gedanken und ungeliebte Wörter und Floskeln können sich in Ihrem Kopf nicht mehr einnisten.

Übungen

Suchen Sie in Ihrem eigenen Wortschatz, ohne nachzuschlagen, nach alternativen Formulierungen für *„neu"*. Wie viele Alternativen finden Sie? (Die Lösungen finden Sie auf Seite 117).

Nun suchen Sie nach anderen Formulierungen für *„besonders"*.

Achtung: Nicht in jedem Schreiben können Sie mit kreativen Formulierungen „spielen". Dies gilt in erster Linie für rechtsverbindliche Dokumente wie Angebote, Auftragsbestätigungen, Mahnungen etc.. Hier sollten Sie mit Bedacht die gewünschte rechtsverbindliche Formulierung wählen, um auf der sicheren Seite zu sein.

Zahlen und Fakten

Ein dreijähriges Kind beherrscht aktiv 500 bis 2.000 Wörter, ein sechs- bis siebenjähriges Kind bereits 5.000 bis 6.000 Wörter. Zum Vergleich: Das Grundschulwörterbuch von Duden enthält 11.500 Begriffe. Der aktive Wortschatzumfang eines erwachsenen deutschen Durchschnittssprechers wird auf 6.000 bis 16.000 Wörter geschätzt.

Der vermutete passive Sprachschatz eines jungen, normal intelligenten Erwachsenen in Industrienationen reicht von 20.000 bis 80.000 Wörtern.

Der Wortschatz der deutschen Sprache umfasst 300.000 bis 500.000 Wörter, darunter auch Pronomen, Präpositionen und andere Funktionswörter.

Die häufigsten 100 Wörter machen etwa 60 Prozent aller Gespräche aus, die häufigsten 4.000 Wörter sogar 98 Prozent.

14. Ihr Leitfaden für professionelle Korrespondenz

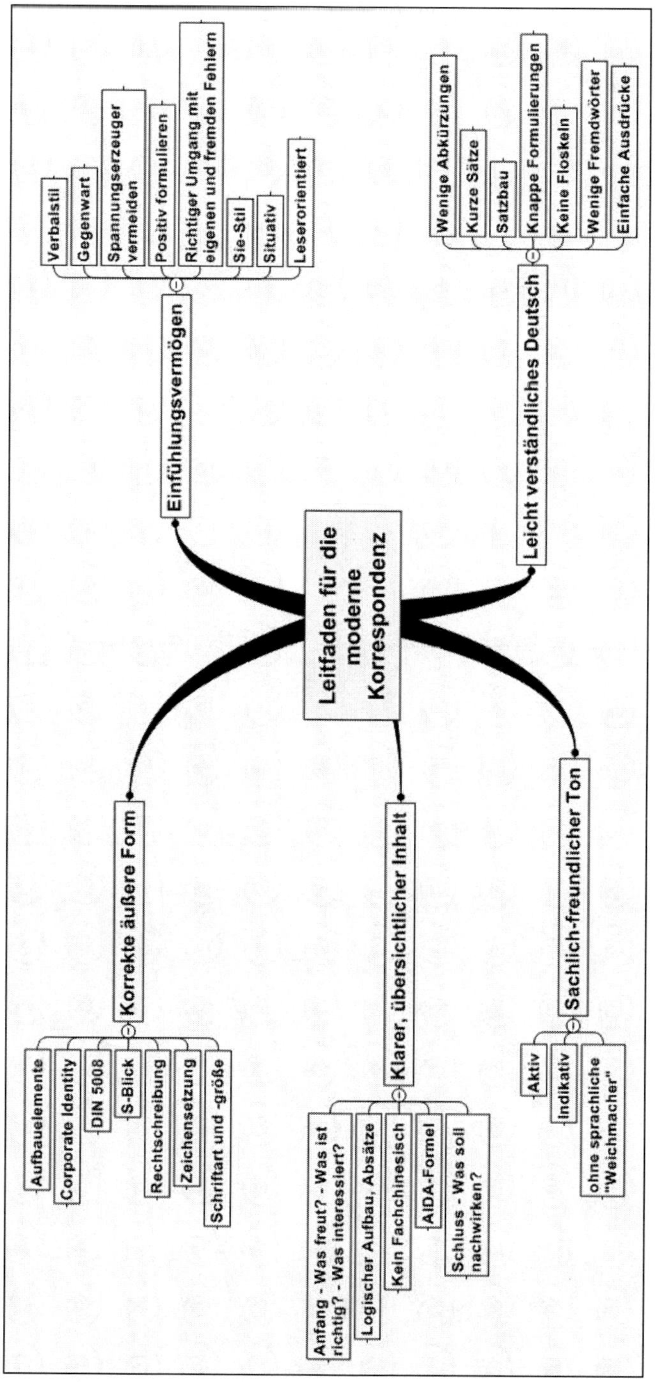

15. Lösungen

Übung 1: (Seite 25/26)

1. Sehr geehrter Herr Schulte,

2. Sehr geehrter Herr Dr. Adolphs,

3. Liebe Frau Riedel,

4. Guten Tag, Frau Schneider!

Übung 2: (Seite 27)

1. Hallo Peter! – Tschüss

2. Lieber Günther! – Beste Grüße aus Dresden

3. Sehr geehrter Herr Dr. Kegel! – Freundliche Grüße/mit freundlichen Grüßen

4. Liebe Kolleginnen und Kollegen! – Sonnige Grüße von der Bergstraße

5. Sehr geehrter Herr Rechtsanwalt, – Mit freundlichen Grüßen

6. Guten Tag, Frau Nieke, – Einen erholsamen Urlaub wünscht

Übung 3: (Seite 47)

1. Hier liegt ein Irrtum/Missverständnis vor.

2. Wir haben uns für einen Bewerber entschieden, der schon Erfahrung auf diesem Gebiet mitbringt.

3. Das Glas ist halb voll.

4. Die Kosten übernehmen wir für Sie.

5. Unsere Filiale ist vormittags von 9–12 Uhr geöffnet.

6. Die Artikelnummer … haben wir inzwischen durch … ersetzt. Dieses neue Modell bieten wir Ihnen gerne zum Sonderpreis von … an.

Übung 4: (Seite 49)

1. Sie erhalten einen Rabatt von 10 Prozent.

2. Heute erhalten Sie unser neuestes Konzept.

3. Sie erhalten eine Garantie von 3 Jahren.

Rechtschreib-Quiz (Seite 71 f.)

1. a + c

2. a + b

3. a

4. c

5. a + b

6. b + c

7. a + c

8. Wir hatten viel Spaß(,) und wir scrabbelten bis zum frühen Morgen.

9. Ich schrie: „Was wollen Sie denn mit dem gelben Teddy?“, und schoss auf ihn.

10. Es war irgendwie unangenehm(,) über die Scherben zu laufen.

11. Wir entschieden uns(,) über die Brücke zu hechten.

12. Wissen Sie, dass ich ein Bankräuber bin(,) und dass ich mich mit einer Pistole bewaffnet habe?

13. Mit wässrigen Augen sah er mich an – er hatte wohl ein Gläschen zu viel gehabt.

14. Das war also die sagenumwobene Stadt, in der man umso reicher wurde, je schlechter die Teeernte/Tee-Ernte ausfiel.

Übungen auf Seite 114:

Alternativen zu „neu“: frisch, fabrikneu, neuwertig, erneuert, erstmalig, funkelnagelneu, unbeansprucht, modern, jung, modisch, ungebraucht, neuzeitlich, taufrisch, jungfräulich, ungewöhnlich, neuzeitlich

Alternativen zu „besonders“: Apart, ausnehmend, außerordentlich, hauptsächlich, hervorragend, ausgefallen, sonderlich, ausgesucht, herausragend, speziell, außergewöhnlich, vorwiegend, in erster Linie

Alles im Griff

Wera Nägler
Alles im Griff
Das 1 × 1 der Büroorganisation

1. Auflage, 2011
172 Seiten; 21,80 Euro
ISBN 978-3-86980-015-8; Art-Nr.: 830

Wera Nägler zeigt in ihrem neuen Buch, wie Sie sich clever organisieren und damit mehr Zeit fürs Wesentliche – Ihre eigentliche Arbeit – bekommen. Mittels Checklisten, praktischer Tipps, kreativer Ideen und Einsatz intelligenter Helferlein trägt dieses Buch dazu bei, die Büroarbeit eleganter, systematischer und manchmal auch mit einem Augenzwinkern zu erledigen.

Mit dem Selbsttest „Was für ein Bürotyp bin ich?“ entdecken Sie, was Sie wirklich für ein Arbeitstyp sind und warum es manchmal so drunter und drüber geht.

Über die Autorin
Wera Nägler trainiert und coacht seit über zehn Jahren rund um das Zeit- und Büromanagement. Fachliche Qualifikation ist dabei für die gelernte ReNo-Gehilfin und studierte Pädagogin das eine. Doch eigene Erfahrungen mitten aus dem Leben sind ihr wichtiger: ob als Angestellte in der „kleinen Klitsche“ oder im Großraumbüro, als Sachbearbeiterin, Sekretärin, Führungskraft oder Freiberuflerin.